발전한어
发展汉语
DEVELOPING CHINESE

읽기·쓰기
초급 2

북경어대학출판사 편
원제 发展汉语(第二版)_初级读写(Ⅰ)(Ⅱ)
편저 李泉, 王淑红, 么书君
번역 주재진

다락원

발전 한어 읽기·쓰기 초급 2

편저 李泉, 王淑红, 么书君
번역 주재진
펴낸이 정규도
펴낸곳 (주)다락원

초판 1쇄 발행 2014년 4월 30일
초판 2쇄 발행 2025년 3월 12일

기획·편집 고은지, 이상윤
디자인 박나래, 최영란
일러스트 채원희

다락원 경기도 파주시 문발로 211
전화 (02)736-2031 (내선 250~252 / 내선 430~437)
팩스 (02)732-2037
출판등록 1977년 9월 16일 제406-2008-000007호

Copyright © 2012, 北京语言大学出版社
한국 내 Copyright © 2014, (주)다락원

이 책의 한국 내 저작권은 北京语言大学出版社와의 독점 계약으로
(주)다락원이 소유합니다.

저자 및 출판사의 허락 없이 이 책의 일부 또는 전부를 무단 복제·전
재·발췌할 수 없습니다. 구입 후 철회는 회사 내규에 부합하는 경우
에 가능하므로 구입처에 문의하시기 바랍니다. 분실·파손 등에 따른
소비자 피해에 대해서는 공정거래위원회에서 고시한 소비자 분쟁
해결 기준에 따라 보상 가능합니다. 잘못된 책은 바꿔 드립니다.

ISBN 978-89-277-2144-4 18720
      978-89-277-2112-3(set)

www.darakwon.co.kr

다락원 홈페이지를 방문하시면 상세한 출판 정보와 함께 동영상 강좌,
MP3 자료 등 다양한 어학 정보를 얻으실 수 있습니다.

들어가는 말

발전 한어 시리즈

『발전 한어』시리즈는 중국어 교재 베스트셀러로 꾸준한 사랑을 받아 온 북경어언대학출판사의 대표 대외 한어 시리즈인『发展汉语(第二版)』의 한국어판이다.

중국 정부에서는『发展汉语(第二版)』를 '普通高等教育〈十一五〉国家级规划教材'의 하나로 선정하여 대내외적으로 널리 홍보한 바 있다. 북경어언대학출판사에서는 양질의 대외 한어 교재를 위해 '发展汉语教材编写委员会' 및 '发展汉语教材编辑委员会'를 특별히 구성하여 다양한 내용과 창의적인 구성으로 단순한 중국어 학습뿐 아니라, 역사와 문화 등 중국의 전반적인 생활을 학습할 수 있는 본 시리즈를 출간하였고, 다락원은 이『发展汉语(第二版)』를 한국 내 학습자의 수요에 맞춰 기존 중국어 분야별 시리즈와는 차별화하여 기초 학습자부터 시작할 수 있는 난도의 시리즈로 대학 및 학원에서 널리 쓰일 수 있게 출간하게 되었다.

듣기·말하기·읽기·쓰기 네 분야가 수준별로 출간되어 수업 내용에 따라 채택할 수 있으며, 듣기·독해·쓰기의 세 분야로 출제되는 新HSK와도 밀접하게 연계하여 학습할 수 있다.『발전 한어』시리즈는 다음과 같이 **듣기 4종**[듣기 초급 1, 듣기 초급 2, 듣기 중급 1, 듣기 중급 2], **말하기 4종**[말하기 초급 1, 말하기 초급 2, 말하기 중급 1, 말하기 중급 2], **읽기·쓰기 3종**[읽기·쓰기 초급 1, 읽기·쓰기 초급 2, 읽기·쓰기 중급]의 총 11권으로 출간된다.

	중국어판	한국어판
듣기	发展汉语(第二版)_初级听力(Ⅰ)	발전 한어 듣기 초급 1 발전 한어 듣기 초급 2
	发展汉语(第二版)_初级听力(Ⅱ)	발전 한어 듣기 중급 1 발전 한어 듣기 중급 2
말하기	发展汉语(第二版)_初级口语(Ⅰ)	발전 한어 말하기 초급 1 발전 한어 말하기 초급 2
	发展汉语(第二版)_初级口语(Ⅱ)	발전 한어 말하기 중급 1 발전 한어 말하기 중급 2
읽기·쓰기	发展汉语(第二版)_初级读写(Ⅰ) 发展汉语(第二版)_初级读写(Ⅱ)	발전 한어 읽기·쓰기 초급 1 발전 한어 읽기·쓰기 초급 2 발전 한어 읽기·쓰기 중급

체계적으로 출간되는 분야별 교재 시리즈인『발전 한어』시리즈로, 앞으로 많은 중국어 학습자들이 중국어 실력을 한 단계 한 단계 탄탄하게 쌓아가길 바란다.

다락원 중국어 출판부

차례

들어가는 말　　3
차례　　4
이 책의 구성과 특징　　6
일러두기　　8

01 我喜欢吃饺子。　10
Wǒ xǐhuan chī jiǎozi. 나는 만두 먹는 걸 좋아해요.

02 春夏秋冬。　18
Chūn xià qiū dōng. 봄, 여름, 가을, 겨울.

03 认识新朋友，不忘老朋友。　26
Rènshi xīn péngyou, bú wàng lǎo péngyou. 새 친구를 알고, 오랜 친구를 잊지 말아요.

04 打个电话，问问他。　36
Dǎ ge diànhuà, wènwen tā. 전화를 걸어서 그에게 물어보세요.

05 从前有座山。　46
Cóngqián yǒu zuò shān. 옛날에 산이 하나 있었어요.

06 一学就会。　**56**
Yì xué jiù huì.　배우면 바로 할 수 있습니다.

07 走遍天下。　**62**
Zǒubiàn tiānxià.　천하를 두루 다녀요.

08 打开一扇窗户。　**68**
Dǎkāi yí shàn chuānghu.　창문을 열어요.

09 对什么都感兴趣。　**74**
Duì shénme dōu gǎn xìngqù.　모든 것에 흥미가 있어요.

10 黄河九十九道弯。　**82**
Huáng Hé jiǔshíjiǔ dào wān.　아흔아홉 굽이의 황허.

모범답안·해석　**89**

이 책의 구성과 특징

발전 한어 읽기·쓰기 초급

『발전 한어 읽기·쓰기 초급』은 이제 막 중국어를 배우기 시작한 기초~초급 학습자를 대상으로 한 읽기·쓰기 교재로『발전 한어 읽기·쓰기 초급 1』,『발전 한어 읽기·쓰기 초급 2』의 두 권으로 출간된다.

『발전 한어 읽기·쓰기 초급 1』의 1~10과는 기초 학습자가 활용도 높은 글자(字)와 실용 단어(词)를 익히고, 기본 문형으로 이루어진 짧은 문장(句)을 암기·모방해 응용하면서 매 과의 학습 내용을 완전히 소화할 수 있게끔 구성되어 있다.『발전 한어 읽기·쓰기 초급 2』는 1~5과가『발전 한어 읽기·쓰기 초급 1』과 동일한 구성이고, 6~10과는 보다 풍부한 표현과 문형을 다루어 읽기·쓰기 심화 훈련이 가능한 구성이다. 이렇게『발전 한어 읽기·쓰기 초급』학습을 마치고 나면 읽고 쓰는 데에 기본이 되는 문형과 300~600개 이상의 단어를 익히게 되어 新HSK 2~3급 정도의 실력을 쌓게 된다.

각 과의 학습은 '읽기 훈련 → 쓰기 훈련 → 실용 단어·표현 읽기 → 실전 읽기·쓰기 연습' 순서로 체계적으로 진행된다.

읽기 훈련

매 과마다 제시된 2~3개의 본문을 통해 읽기 훈련을 한다. 모든 본문은 정확한 발음과 자연스러운 끊어 읽기가 완전히 습득될 때까지 소리 내어 읽고, 통으로 암기하는 것이 좋다.

▶ 6~10과의 '읽기 훈련' 하단에는 중국인의 사상과 가치관, 생활 철학 등이 집약되어 있는 '실력향상표현' 코너를 두었다. 활용도 높은 성어, 속담 등을 익히고 암기함으로써 중국 문화를 좀 더 깊이 있게 이해하고, 중국어 표현 능력을 증진할 수 있다.

쓰기 훈련

매 과마다 3~8개의 핵심 한자 쓰기 훈련을 한다. 제시된 한자를 쓸 때는 올바른 필순에 따라 정확하게 쓰고, 각 글자의 발음과 뜻은 잘 기억해 두도록 한다.

실용 단어·표현 읽기

실제 중국에서 쉽게 접할 수 있는 각종 공공 표지, 안내문 등을 읽고 이해하는 코너이다. 관련 사진과 일러스트를 함께 제시해 보다 실용적이고 생동감 있는 읽기 학습을 진행할 수 있다.

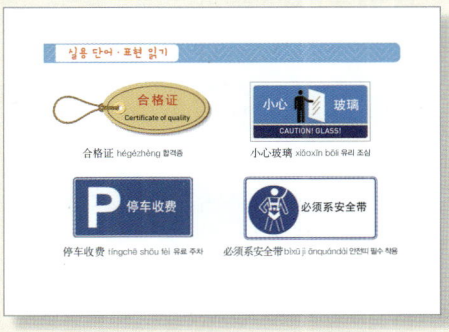

실전 읽기·쓰기 연습(Ⅰ·Ⅱ)

각 과에서 배운 내용을 복습하고, 핵심 어법 및 단어·표현을 추가로 익힐 수 있는 다양한 연습 문제와 과제가 제시된다. 종합적이고 집중적인 읽기·쓰기 연습이 이루어지며, 新HSK를 본뜬 다량의 문제들이 실제 시험 준비에도 도움을 준다.

부록 모범답안·해석

각 과의 '읽기 훈련'에 대한 해석과 '실전 읽기·쓰기 연습'에 대한 모범답안·해석이다. 모범답안에는 각 문제마다 활용된 단어들의 한어병음과 뜻이 정리되어 학습자의 편의를 돕는다.

MP3 파일 무료 다운로드

교재 내 '읽기 훈련'의 본문 내용을 담은 MP3 파일을 **다락원 홈페이지(www.darakwon.co.kr)**의 **'학습자료실'**에서 무료 제공한다. 초급 수준의 학습자가 정확한 발음으로 읽기 훈련할 수 있도록 원어민 성우가 조금 천천히, 또박또박 발음했다.

일러두기

▶ 이 책의 고유명사 표기는 다음과 같다.

❶ 중국의 지명은 중국어 발음을 한국어로 표기했다.
　예) 北京 베이징　上海 상하이　山东 산둥

❷ 중국인을 포함한 외국인의 이름은 모두 중국어 발음을 기준으로 표기하고, 한국인의 이름은 한국어 발음으로 표기했다.
　예) 李大民 (중국인) 리따민　大卫 (미국인) 따웨이　金小美 (한국인) 김소미

▶ 중국어의 품사는 다음과 같은 약어로 표기했다.

명사/고유명사	명/고유	양사	양
대사	대	개사	개
동사	동	접속사	접
조동사	조동	감탄사	감
형용사	형	조사	조
부사	부	성어	성
수사	수		

01 我喜欢吃饺子。
Wǒ xǐhuan chī jiǎozi.

나는 만두 먹는 걸 좋아해요.

읽기 훈련

1

饺子、杯子、桌子，我喜欢饺子。
Jiǎozi、bēizi、zhuōzi, wǒ xǐhuan jiǎozi.

花儿、门儿、玩儿，我喜欢玩儿。
Huār、ménr、wánr, wǒ xǐhuan wánr.

吃饺子，包饺子，饺子馅儿，饺子皮儿。
Chī jiǎozi, bāo jiǎozi, jiǎozi xiànr, jiǎozi pír.

自己玩儿，一起玩儿，玩儿什么？怎么玩儿？
Zìjǐ wánr, yìqǐ wánr, wánr shénme? Zěnme wánr?

새 단어　饺子 jiǎozi 명 (만두소가 든 반달 모양의) 만두 · 杯子 bēizi 명 컵, 잔 · 桌子 zhuōzi 명 탁자, 테이블
包 bāo 동 싸다, (만두를) 빚다 · 馅儿 xiànr 명 (만두 등의) 소 · 皮儿 pír 명 겉, 껍질
自己 zìjǐ 대 자신, 스스로 · 一起 yìqǐ 부 함께

2

我有房子，房子不大。
Wǒ yǒu fángzi, fángzi bú dà.

我有车子，车子很小。
Wǒ yǒu chēzi, chēzi hěn xiǎo.

我有杯子，杯子里没酒。
Wǒ yǒu bēizi, bēizi li méi jiǔ.

我喜欢花儿，我没钱买。
Wǒ xǐhuan huār, wǒ méi qián mǎi.

我喜欢玩儿，我没时间。
Wǒ xǐhuan wánr, wǒ méi shíjiān.

새 단어　　房子 fángzi 명 집　·　车子 chēzi 명 (주로 소형의) 자동차　·　酒 jiǔ 명 술　·　时间 shíjiān 명 시간

쓰기 훈련

经 jīng　동 지나다, 경험하다
⺯ ⺯ ⺯ 纟 经 经 经 经

些 xiē　양 조금, 약간[확정적이지 않은 적은 수량을 나타냄]
丨 丨 丨 止 此 此 些 些

比 bǐ　동 비교하다　개 ~보다
一 匕 比 比

舒 shū　형 편안하다
丿 ⺈ ⺈ 亼 全 余 舍 舍 舒 舒 舒 舒

01 我喜欢吃饺子。　11

满 mǎn
형 가득하다, 만족하다

丶丶氵氵汁汁浩浩浩满满满

意 yì
명 뜻, 생각

丶亠亣产产产音音音竟意意

惯 guàn
동 습관이 되다, 익숙해지다

丶丶忄忄忄忄怕怕惯惯

실용 단어·표현 읽기

保质期：18个月

保质期 bǎozhìqī 품질 보증 기간

生产日期：2013年3月16日

生产日期 shēngchǎn rìqī 생산 일자

有效期：40天

有效期 yǒuxiàoqī 유효 기간

有效期至2014年12月31日

有效期至 yǒuxiàoqī zhì (~까지) 유효 기간

실전 읽기 · 쓰기 연습 I

1. 그림과 연관 있는 표현을 선택하세요.

(1)
保质日期：2014/04/15
生产日期：2014/04/04

☐ 生产日期是2014年4月15日。
☐ 保质期到2014年4月15日。

(2)
【批准文号】 国药准字Z45021718
【生产日期】 2013年07月25日
【产品批号】 20130701
【有效期】至 2015年06月

☐ 有效期是20130701。
☐ 有效期到2015年6月。

(3)
【有效期】24个月。
【执行标准】《中国药典》2014年版二部。
【批准文号】国药准字H20050586。

☐ 有效期是2014年。
☐ 有效期是两年。

(4)

☐ 别的方法也能学习汉语。
☐ 我今天又累又不舒服，不想看书。

2. 빈칸에 알맞은 표현을 써 넣으세요.

(1)

_____

(2)

他是个_____。

(3)  不能 ＿＿＿＿＿＿ 放在这儿，这是路。

(4) A 这家饭馆怎么样？

B 又 ＿＿＿＿ 又 ＿＿＿＿，我不喜欢。

(5) A 书我 ＿＿＿＿ 啦？

B 拿走吧，看完再还给我，别着急。

실전 읽기·쓰기 연습 Ⅱ

1. 문장을 읽고 연관 있는 그림을 선택하세요.

A  B  C

D  E

(1) 书上说，大多数中国人不习惯AA制，是这样吗？　（　　）

(2) 这么晚了，你才起床？　（　　）

(3) 我看，你这手机跟我的一样。　（　　）

(4) 咱们去酒吧看足球比赛吧。　　　　　　　　(　　)

(5) 走路太慢了，什么时候能到啊？　　　　　　(　　)

2. 문장을 읽고 그에 대한 대답으로 알맞은 문장을 선택하세요.

A　我昨天没睡，那电视节目太有意思了。

B　当然愿意了。　　　　　　　C　男的都喜欢吧。

D　是啊，太早了。　　　　　　E　我有一个。

(1) 你那么喜欢看球，真成球迷了。　　　　　　(　　)

(2) 你昨天没睡好吧？　　　　　　　　　　　　(　　)

(3) 谁还有好主意，说说。　　　　　　　　　　(　　)

(4) 所有的银行都不可能八点开门。　　　　　　(　　)

(5) 你愿意跟我走吗？　　　　　　　　　　　　(　　)

3. 별(★) 표시된 문장의 옳고 그름을 판단하세요.

(1) 今天大家吃饭我付钱。

　　★ 今天说话人请客。　　　　　　　　　　(　　)

(2) 今天吃完饭，咱们自己付自己那份钱啊。

　　★ 他们今天不AA制。　　　　　　　　　　(　　)

(3) 我已经说清楚了，中国和外国不一样，中国没有小费。

　　★ 说话人说中国没有小费。　　　　　　　(　　)

(4) 他们那些人，经常在一起又吃又喝，我不喜欢。

　　★ 说话人常常跟他们生气。　　　　　　　(　　)

(5) 来中国两三个月, 我就习惯了。

　　★ 来中国以后, 说话人很快就习惯了。　　　　　(　　)

4. 아래의 짧은 글을 베껴 쓴 후, 다시 이를 모방한 자신만의 글을 써 보세요.

　　中国有很多事情和外国不一样：很多中国人早上五六点就起床；中国人喜欢吃热饭热菜，喝水也要喝热的；中国人一起吃饭常常是大家吃完饭，一个人付钱，他们叫请客。有一次，老师请我们七八个人吃饭，我觉得那么多人吃饭，老师付了很多钱。在中国，饭馆、宾馆、酒吧……都不用付小费，我也觉得很新鲜。还有，中国的商店晚上关门都很晚，周末也不休息。

　　到中国以后，我很快就习惯了这里。

　(1) **베껴 쓰기**

(2) 자신만의 글 쓰기

01 我喜欢吃饺子。

02 春夏秋冬。
Chūn xià qiū dōng.
봄, 여름, 가을, 겨울.

읽기 훈련

❶

前后左右，东西南北。
Qián hòu zuǒ yòu, dōng xī nán běi.

春夏秋冬，日月山水。
Chūn xià qiū dōng, rì yuè shān shuǐ.

吃喝玩乐，眼耳手嘴。
Chī hē wán lè, yǎn ěr shǒu zuǐ.

大小高矮，走去来回。
Dà xiǎo gāo ǎi, zǒu qù lái huí.

새 단어 　左 zuǒ 몡 왼쪽　·　右 yòu 몡 오른쪽　·　春(天) chūn(tiān) 몡 봄　·　夏(天) xià(tiān) 몡 여름
秋(天) qiū(tiān) 몡 가을　·　冬(天) dōng(tiān) 몡 겨울　·　日 rì 몡 해[=太阳 tàiyáng]
月(亮) yuè(liang) 몡 달　·　眼(睛) yǎn(jing) 몡 눈　·　耳(朵) ěr(duo) 몡 귀　·　嘴 zuǐ 몡 입
高 gāo 혱 (높이가) 높다, (키가) 크다　·　矮 ǎi 혱 (높이가) 낮다, (키가) 작다

❷

我爱春天，春天有迎春花儿。
Wǒ ài chūntiān, chūntiān yǒu yíngchūnhuār.

她爱夏天，夏天有月季花儿。
Tā ài xiàtiān, xiàtiān yǒu yuèjìhuār.

你爱秋天，秋天有菊花儿。
Nǐ ài qiūtiān, qiūtiān yǒu júhuār.

他爱冬天，冬天有雪花儿。
Tā ài dōngtiān, dōngtiān yǒu xuěhuār.

새 단어
- 迎春花(儿) yíngchūnhuā(r) 명 개나리
- 月季花(儿) yuèjìhuā(r) 명 월계화
- 菊花(儿) júhuā(r) 명 국화
- 雪花(儿) xuěhuā(r) 명 눈꽃

쓰기 훈련

色 sè — 명 색
丿 ⺈ 勹 匀 甸 色

出 chū — 동 (밖으로) 나가다
一 凵 凵 屮 出 出

便 biàn — 부 곧, 즉시, 바로 / 형 편리하다
丿 亻 仁 仃 佢 佰 俥 便 便

裤 kù — 명 바지
丶 ㇀ 亠 礻 礻 礻 衤 衤 衤 裤 裤 裤

02 春夏秋冬。

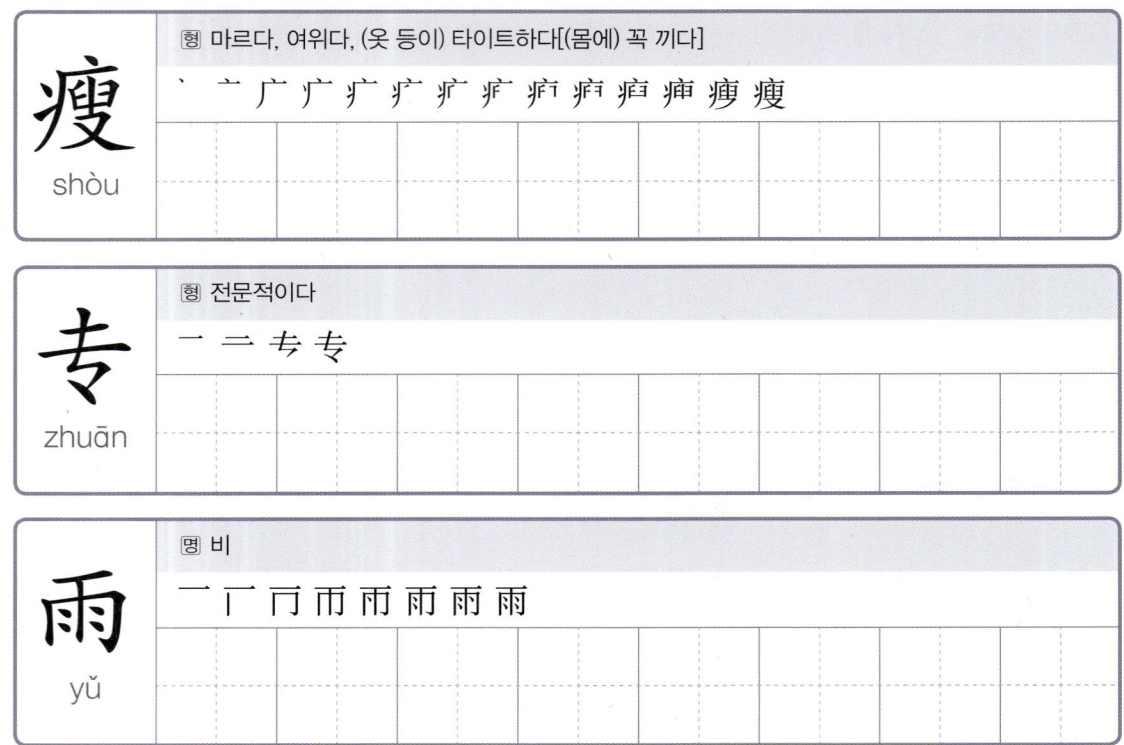

실용 단어·표현 읽기

合格证 hégézhèng 합격증

小心玻璃 xiǎoxīn bōli 유리 조심

停车收费 tíngchē shōu fèi 유료 주차

必须系安全带 bìxū jì ānquándài 안전띠 필수 착용

실전 읽기·쓰기 연습 I

1. 그림과 연관 있는 표현을 선택하세요.

(1)
☐ 东西没问题。
☐ 这儿是停车场。

(2)
☐ 注意你的车。
☐ 在这儿交钱。

(3)
☐ 欢迎光临。
☐ 注意! 有玻璃!

(4)
☐ 这条裤子又瘦又长。
☐ 这条裤子又肥又短。

2. 빈칸에 알맞은 표현을 써 넣으세요.

(1)

_____

(2)

_____，真漂亮!

(3)

这条裤子哥哥穿有点儿短，弟弟穿可能_____。

(4) A 他怎么了？_____？

　　B 不会，他不爱生气。

(5) A 这种_____的衣服你穿不合适。

　　B 怎么？我不能穿红色的吗？

실전 읽기·쓰기 연습 Ⅱ

1. 문장을 읽고 연관 있는 그림을 선택하세요.

A

B

C

D

E

(1) 别去，那是女试衣间。　　　　　　　　（　　）

(2) 那件羽绒服真好看，颜色也好，样子也好。（　　）

(3) 我看，地球变暖跟地球生病一样。　　　　（　　）

(4) 我们每天都锻炼身体。　　　　　　　　　（　　）

(5) 快餐也不一定便宜吧？　　　　　　　　　（　　）

2. 문장을 읽고 그에 대한 대답으로 알맞은 문장을 선택하세요.

A 很有意思，我喜欢听。

B 还可以吧。

C 我就爱穿这件衣服，舒服。

D 他出门了，差不多一个星期以后回来。

E 会下雪吗？

(1) 昨天那场比赛你看了吗？我特别不满意。 (   )

(2) 算了，衣服都这么旧了，别穿了。 (   )

(3) 这人说话有点儿特别。 (   )

(4) 明天多穿点儿啊，要变天儿。 (   )

(5) 方老师在家吗？ (   )

3. 별(★) 표시된 문장의 옳고 그름을 판단하세요.

(1) 昨天就说了，十点左右一定到，现在都十一点了，他是不是有事啊？
　　★ 说话人生气了。 (   )

(2) 真不容易，这才是我要找的书呢。
　　★ 说话人就想买这本书。 (   )

(3) 马丁，你拿错了吧，这本词典是我的，上面的字是红的。你看，这儿还有我的名字呢。
　　★ 马丁的词典上面的字是红色的。 (   )

(4) 今年的气候真特别，北方暖和，南方下大雪。
　　★ 今年气候不正常。 (   )

(5) 现在的年轻人，跟我们年轻的时候可不一样。

　　★ 说话的是位老年人。　　　　　　　　（　　）

4. 아래의 짧은 글을 베껴 쓴 후, 다시 이를 모방한 자신만의 글을 써 보세요.

　　我们国家不下雪，我也不知道下雪是什么样子。昨天北京下了一场大雪，真有意思啊，下完雪地面都白了：树是白的，山是白的，路是白的，汽车上也是白色的雪，好漂亮啊！

　　下完雪，天气有点儿冷，路上的人都穿了很厚的衣服。差不多出门的都是学生和工作的人，大家急急忙忙地去上学，去上班。我不想在房间里，我想在学校里走一走。我喜欢下雪，我喜欢下雪以后有点儿冷的空气，我喜欢我的旁边都是白色的雪。

(1) 베껴 쓰기

(2) 자신만의 글 쓰기

03 认识新朋友，不忘老朋友。
Rènshi xīn péngyou, bú wàng lǎo péngyou.
새 친구를 알고, 오랜 친구를 잊지 말아요.

읽기 훈련

❶

前边儿有座山，后边儿有条河。
Qiánbianr yǒu zuò shān, hòubianr yǒu tiáo hé.

左边儿人爬山，右边儿人过河。
Zuǒbianr rén pá shān, yòubianr rén guò hé.

东边儿有太阳，西边儿有月亮。
Dōngbianr yǒu tàiyáng, xībianr yǒu yuèliang.

南边儿在下雨，北边儿在下雪。
Nánbianr zài xià yǔ, běibianr zài xià xuě.

上边儿有哥哥，下边儿有弟弟。
Shàngbianr yǒu gēge, xiàbianr yǒu dìdi.

> **새 단어**
> 座 zuò 양 [산, 건축물, 교량 등을 셀 때 쓰임] · 条 tiáo 양 줄기[강, 실 등 가늘고 긴 것을 셀 때 쓰임]
> 河 hé 명 강 · 过 guò 동 건너다 · 在 zài 개 ~하고 있다[동작이 진행 중임을 나타냄]

❷

朋友多，朋友少，有朋友就是好。
Péngyou duō, péngyou shǎo, yǒu péngyou jiù shì hǎo.

男朋友，女朋友，大家都是好朋友。
Nán péngyou, nǚ péngyou, dàjiā dōu shì hǎo péngyou.

老朋友，新朋友，新老朋友都要有。
Lǎo péngyou, xīn péngyou, xīn lǎo péngyou dōu yào yǒu.

认识新朋友，不忘老朋友，
Rènshi xīn péngyou, bú wàng lǎo péngyou,

朋友多了路好走。
péngyou duō le lù hǎo zǒu.

常见面，常问候，
Cháng jiànmiàn, cháng wènhòu,

常联系，常沟通。
cháng liánxì, cháng gōutōng.

旧日朋友不相忘，
Jiùrì péngyou bù xiāng wàng,

友谊才能地久天长。
yǒuyì cái néng dì jiǔ tiān cháng.

새 단어 老 lǎo 형 오래되다 · 忘 wàng 동 잊다 · 好 hǎo 형 ~하기가 쉽다 · 常 cháng 부 자주, 늘
问候 wènhòu 동 안부를 묻다 · 联系 liánxì 동 연락하다 · 沟通 gōutōng 동 교류하다, 소통하다
旧日 jiùrì 명 옛날, 이전 · 相 xiāng 부 서로 · 友谊 yǒuyì 명 우정
地久天长 dì jiǔ tiān cháng 성 하늘과 땅처럼 영원하다, 영원히 변치 않다

쓰기 훈련

馆 guǎn	명 손님을 접대하고 묵게 하는 건물
	ノ ⺈ ⺈ ⺈ ⺈ 饣 饣 饣 馆 馆 馆

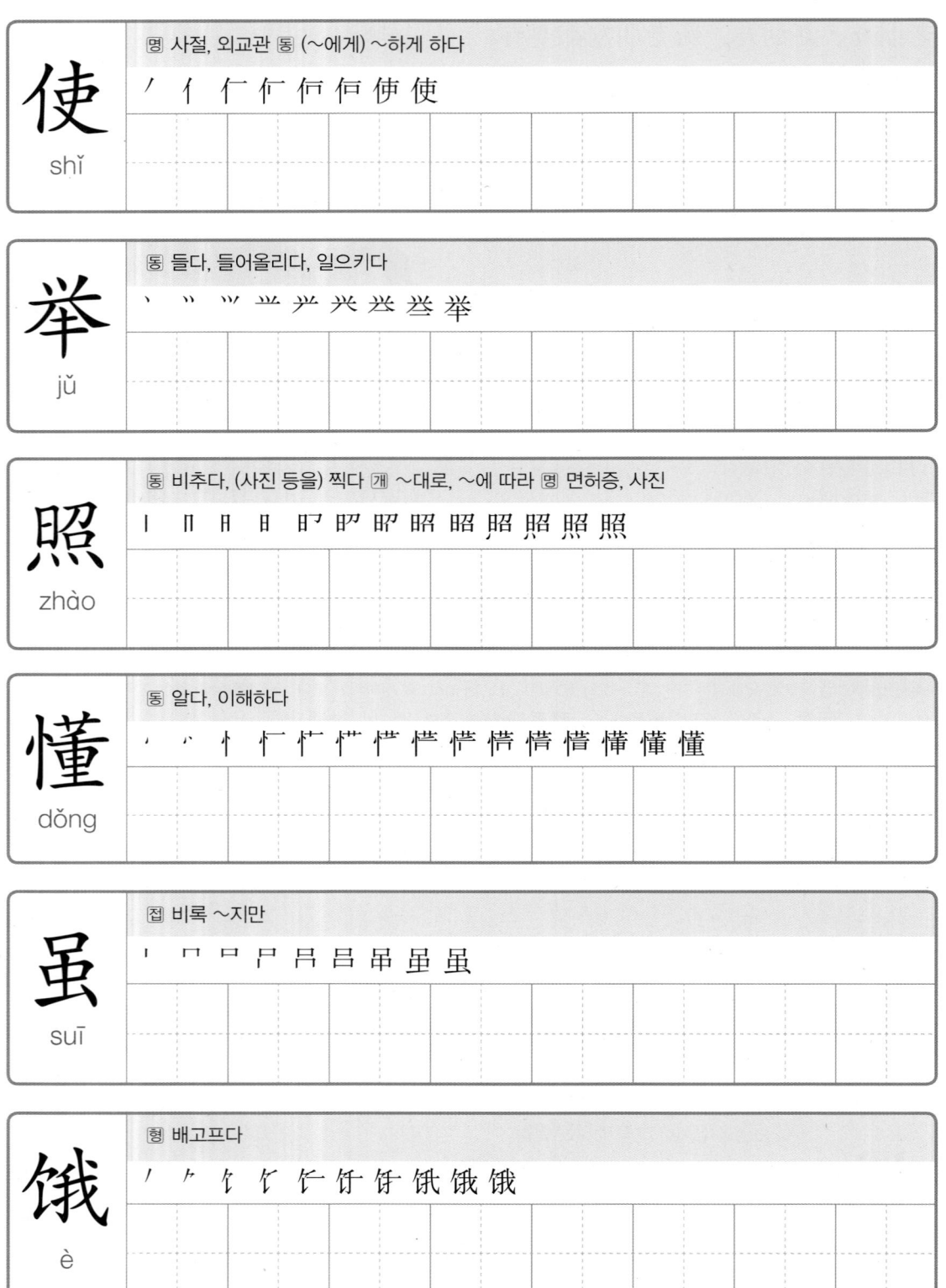

像 xiàng
동 닮다, ~와 같다

ノ 亻 亻 亻 伫 伫 伫 偞 傍 像 像 像

실용 단어 · 표현 읽기

节约用电
jiéyuē yòng diàn
전기 절약

节约用水
jiéyuē yòng shuǐ
물 절약

紧急医疗站
jǐnjí yīliáo zhàn
응급의료센터

上下楼梯靠右行
shàng xià lóutī kào yòu xíng
계단을 오르내릴 때는 우측 통행

03 认识新朋友，不忘老朋友。

실전 읽기·쓰기 연습 I

1. 그림과 연관 있는 표현을 선택하세요.

(1)

☐ 节约用电。

☐ 节约用水。

(2)

☐ 水不能喝。

☐ 节约用水。

(3)

☐ 这儿可以买药。

☐ 突然病了来这儿。

(4)

☐ 出门

☐ 请靠右

2. 빈칸에 알맞은 표현을 써 넣으세요.

(1)

_____

(2)

　　　　　　　如果有机会，_____。

(3)

　　　　　　　到了那儿别忘了_____。

(4) A 汉语书？_____看懂吗？

　　 B 不全懂，也差不多。

(5) A 虽然我来中国时间不长，可是我_____。

　　 B 我也想像你那样。

실전 읽기·쓰기 연습 Ⅱ

1. 문장을 읽고 연관 있는 그림을 선택하세요.

A 　　B 　　C

D 　　E

(1) 我去一下邮局,我妈妈给我寄好吃的来了。　　(　　)

(2) 为了收拾房间,我昨天都没出去。　　(　　)

(3) 我就是有点儿感冒,不需要住院。　　(　　)

(4) 我能带朋友来参加你们的晚会吗?　　(　　)

(5) 你知道吗? 现在出租车司机说话,我都能听懂。　　(　　)

2. 문장을 읽고 그에 대한 대답으로 알맞은 문장을 선택하세요.

　A　没看见,别急,好好儿找找。

　B　是啊,我也听说了。

　C　快坐那儿好好儿吃吧。

　D　我也想找一个护士。

　E　联系不上你,我当然担心了。

(1) 听说,这30年,中国人的生活变化很大。　　(　　)

(2) 我最近太忙了,您别担心,我都20了。　　(　　)

(3) 他的女朋友是护士,又漂亮,又会关心人。　　(　　)

(4) 今天我可真饿了。　　(　　)

(5) 我的护照丢了,你看见了吗?　　(　　)

3. 별(★) 표시된 문장의 옳고 그름을 판단하세요.

(1) 医生，我感觉好多了，在医院也是吃药，跟在家里差不多，我还是回去吧。
　　★ 说话人不想出院。　　　　　　　　　　（　　）

(2) 大明，我不会记错，第一次看见你，你就是这样。
　　★ 说话人忘不了大明的样子。　　　　　　（　　）

(3) 我是为了学好汉语才来中国的。
　　★ 说话人来中国，是为了学好汉语。　　　（　　）

(4) 大使馆的晚会，让带好朋友吗？如果不让，我就不去了。
　　★ 说话人不想参加大使馆的晚会。　　　　（　　）

(5) 马丁呀马丁，你可真爱丢东西，护照都丢两次了吧？
　　★ 马丁特别爱丢东西。　　　　　　　　　（　　）

4. 아래의 짧은 글을 베껴 쓴 후, 다시 이를 모방한 자신만의 글을 써 보세요.

　　张小明是我的好朋友。他是中国人，我来中国以后认识的，我们两个在一个学校学习。
　　我们有好多一样的爱好，比如，我们都喜欢看球，我们都喜欢运动，我们都喜欢音乐，我们都喜欢学习。为了学习，我们天天见面——他教我汉语，我教他英语。我们这个办法特别好，他的英语进步很快，我的汉语进步也很快。我们两个说好了，放假以后，我们要一起去旅游，我还要去他的家看看。我特别想知道普通中国人的生活什么样。

(1) 베껴 쓰기

(2) 자신만의 글 쓰기

03 认识新朋友，不忘老朋友。

04 打个电话，问问他。
Dǎ ge diànhuà, wènwen tā.
전화를 걸어서 그에게 물어보세요.

읽기 훈련

❶

欢迎，欢迎。
Huānyíng, huānyíng.

请进，请坐，请喝茶。
Qǐng jìn, qǐng zuò, qǐng hē chá.

抱歉，打搅了。
Bàoqiàn, dǎjiǎo le.

不好意思，打搅你们了。
Bù hǎoyìsi, dǎjiǎo nǐmen le.

没关系，别客气。
Méi guānxi, bié kèqi.

> **새 단어**　抱歉 bàoqiàn 미안하게 생각하다, 죄송합니다　·　打搅 dǎjiǎo 동 (남의 일을) 방해하다, 폐를 끼치다
> 不好意思 bù hǎoyìsi 미안합니다

❷

放心吧，不要紧；有麻烦，找警察。
Fàngxīn ba, bú yàojǐn; yǒu máfan, zhǎo jǐngchá.

没问题，快走吧，一起去，一块儿走。
Méi wèntí, kuài zǒu ba, yìqǐ qù, yíkuàir zǒu.

36

别着急，有办法；打个电话，问问他。
Bié zháojí, yǒu bànfǎ; dǎ ge diànhuà, wènwen tā.

> **새 단어**
>
> **放心** fàngxīn 동 마음을 놓다, 안심하다 • **不要紧** bú yàojǐn 괜찮아요, 문제없어요
> **麻烦** máfan 명 말썽, 골칫거리[번거롭고 해결하기 어려운 일] • **警察** jǐngchá 명 경찰

3

一只青蛙一张嘴，
Yì zhī qīngwā yì zhāng zuǐ,

两只眼睛四条腿；
liǎng zhī yǎnjing sì tiáo tuǐ;

两只青蛙两张嘴，
liǎng zhī qīngwā liǎng zhāng zuǐ,

四只眼睛八条腿；
sì zhī yǎnjing bā tiáo tuǐ;

三只青蛙三张嘴，六只眼睛十二条腿；
sān zhī qīngwā sān zhāng zuǐ, liù zhī yǎnjing shí'èr tiáo tuǐ;

……

九只青蛙九张嘴，十八只眼睛多少条腿？
jiǔ zhī qīngwā jiǔ zhāng zuǐ, shíbā zhī yǎnjing duōshao tiáo tuǐ?

> **새 단어**
>
> **只** zhī 양 마리[동물을 셀 때 쓰임], 쪽[쌍으로 이루어진 것 중 하나를 셀 때 쓰임]
> **青蛙** qīngwā 명 청개구리 • **张** zhāng 양 개[입, 얼굴 등을 셀 때 쓰임]
> **条** tiáo 양 개, 벌[다리, 바지 등 가늘고 긴 것을 셀 때 쓰임] • **腿** tuǐ 명 다리

쓰기 훈련

丰 fēng — 형 풍부하다, 많다
一 二 三 丰

跳 tiào — 동 (껑충) 뛰다
丨 冂 口 口 𧾷 𧾷 趴 趴 趴 跳 跳 跳

舞 wǔ — 명동 춤(추다)
丿 ㄈ 숙 타 𣇴 無 無 舞 舞 舞 舞 舞 舞

解 jiě — 동 이해하다, 해설하다, 풀다
丿 ⺈ 𠂆 角 角 角 觔 觖 解 解 解 解

散 sàn — 동 흩어지다, 분산하다
一 十 卄 卅 艹 艽 苷 苷 昔 散 散 散

睡 shuì — 동 잠자다
丨 冂 冂 月 目 盯 盰 𥆩 睡 睡 睡 睡

考 kǎo
동 시험을 보다, 시험하다
一 十 土 耂 考 考

旅 lǚ
동 여행하다
丶 亠 亍 方 方 方 칩 칩 旅 旅

실용 단어·표현 읽기

注意安全 zhùyì ānquán 안전 주의

小心碰头 xiǎoxīn pèng tóu 머리 조심

民警提示 mínjǐng tíshì 경찰 게시물

请您保管好自己的随身物品!
Qǐng nín bǎoguǎn hǎo zìjǐ de suíshēn wùpǐn!
자신의 소지품을 잘 보관하세요!

温馨提示 wēnxīn tíshì 드리는 말씀

河边危险, 请勿靠近!
Hébiān wēixiǎn, qǐng wù kàojìn!
강가가 위험하니 접근하지 마세요!

실전 읽기 · 쓰기 연습 I

1. 그림과 연관 있는 표현을 선택하세요.

(1)
- ☐ 注意您的重要东西。
- ☐ 你也喜欢听音乐吗?

(2)
- ☐ 警察来了!
- ☐ 别去河边!

(3)
- ☐ 还不回家?
- ☐ 又唱又跳

(4)
- ☐ 做作业
- ☐ 注意安全!

2. 빈칸에 알맞은 표현을 써 넣으세요.

(1)

_____

(2)
　　　　　　　　周末也不能_____，真没意思！

(3)
　　　　　　　　昨天_____，我们正在路上呢。

(4) A　你_____中国人的生活习惯吗？

　　B　中国人很喜欢运动吧？每天早上公园里都有很多人锻炼身体。

(5) A　马大明，我有点儿不舒服，你能帮帮我吗？

　　B　我_____。

실전 읽기·쓰기 연습 Ⅱ

1. 문장을 읽고 연관 있는 그림을 선택하세요.

A 　B 　C

D 　E

⑴ 都快考试了，你还打球啊？　　　　　　　（　　）

⑵ 马上就要过圣诞节了。　　　　　　　　　（　　）

⑶ 没想到，来玩儿的人那么多！　　　　　　（　　）

⑷ 我们一边走路，一边聊天儿。　　　　　　（　　）

⑸ 这次放假，我打算去外地旅行。　　　　　（　　）

2. 문장을 읽고 그에 대한 대답으로 알맞은 문장을 선택하세요.

A 上公司吧。

B 好啊，我也想休息会儿。

C 我也这么觉得。

D 跳舞更没意思了。

E 收拾收拾房间，洗洗衣服，看看电影，和朋友喝喝茶，聊会儿天儿。

⑴ 你要是觉得唱歌没意思，咱们就去跳舞吧。　　（　　）

⑵ 天气不好，我看，要下雪。　　　　　　　　　（　　）

⑶ 你打算以后做什么工作？　　　　　　　　　　（　　）

⑷ 咱们在湖边的椅子上坐会儿吧。　　　　　　　（　　）

⑸ 周末你一般干什么？　　　　　　　　　　　　（　　）

3. 별(★) 표시된 문장의 옳고 그름을 판단하세요.

(1) 他们一边吃饭，一边聊天儿。

　　★ 如果他们一起吃饭，就聊天儿。　　　　　（　　）

(2) 李老师是什么意思呀？我不太清楚。

　　★ 说话人不了解李老师的意思。　　　　　　（　　）

(3) 晚会就要开始了，你在哪儿呢？大家都等你呢。

　　★ 说话人有点儿着急。　　　　　　　　　　（　　）

(4) 你这个人太认真了，这么认真多累呀。

　　★ 说话人认为不应该这么认真。　　　　　　（　　）

(5) 我刚吃完晚饭，马丁的电话就来了，让我跟他一起去散步。

　　★ 马丁来说话人的房间了。　　　　　　　　（　　）

4. 아래의 짧은 글을 베껴 쓴 후, 다시 이를 모방한 자신만의 글을 써 보세요.

　　我们学校旁边有一个小公园，公园里有一个湖，湖边有很多树，还有小山，有草地。湖边空气很好，每天到那儿去的人很多，特别是早上。

　　中国人习惯早睡早起，每天早上五六点钟，湖边就有人了，当然，年轻人要上班，来的大部分是老年人。他们有的散步，有的打太极拳，有的唱歌，有的跳舞。他们说唱歌、跳舞也是锻炼身体。特别有意思的是，很多老年人喜欢带收音机。他们一边锻炼身体，一边听新闻。我觉得中国人关心地球上的每一件事情。差不多十点钟，锻炼身体的老年人就走了，他们说去买菜，买完菜就要做中午饭了。

(1) 베껴 쓰기

자신만의 글

(2) 자신만의 글 쓰기

05 从前有座山。
Cóngqián yǒu zuò shān.
옛날에 산이 하나 있었어요.

읽기 훈련

❶

你干什么去？我上课去。
Nǐ gàn shénme qu? Wǒ shàngkè qu.

他干什么去？他买东西去。
Tā gàn shénme qu? Tā mǎi dōngxi qu.

她上哪儿去？她上图书馆。
Tā shàng nǎr qu? Tā shàng túshūguǎn.

你从哪儿来？我从宿舍来。
Nǐ cóng nǎr lái? Wǒ cóng sùshè lái.

你到什么地方去？我到教室去。
Nǐ dào shénme dìfang qu? Wǒ dào jiàoshì qu.

새 단어 干 gàn 동 (일을) 하다 · 上 shàng 동 (어떤 곳으로) 가다

❷

打开电脑，上网聊天儿，发个邮件，问候朋友。
Dǎkāi diànnǎo, shàngwǎng liáotiānr, fā ge yóujiàn, wènhòu péngyou.

进站买票，上车刷卡，上街买菜，回家做饭。
Jìn zhàn mǎi piào, shàng chē shuā kǎ, shàng jiē mǎi cài, huí jiā zuò fàn.

休息休息，看看电视，准备准备，明天出发。
Xiūxi xiūxi, kànkan diànshì, zhǔnbèi zhǔnbèi, míngtiān chūfā.

回到家里，收拾收拾，
Huídào jiā li, shōushi shōushi,

出去旅行，收获很大。
chūqu lǚxíng, shōuhuò hěn dà.

새 단어

打开 dǎkāi 동 (스위치 등을) 켜다 · **上网** shàngwǎng 동 인터넷에 접속하다
进 jìn 동 (밖에서 안으로) 들다 · **站** zhàn 명 역, 정류소 · **上车** shàng chē 차에 타다
刷卡 shuā kǎ 카드를 긁다, 카드로 결제하다 · **上街** shàng jiē 물건을 사러 (거리로) 가다
收获 shōuhuò 명 수확, 성과

❸

从前有座山，山里有座庙，
Cóngqián yǒu zuò shān, shān li yǒu zuò miào,

庙里有个和尚讲故事，讲的什么呢？
miào li yǒu ge héshang jiǎng gùshi, jiǎng de shénme ne?

从前有座山，山里有座庙，
Cóngqián yǒu zuò shān, shān li yǒu zuò miào,

庙里有个和尚讲故事，讲的什么呢？
miào li yǒu ge héshang jiǎng gùshi, jiǎng de shénme ne?

从前有座山，山里有座庙，
Cóngqián yǒu zuò shān, shān li yǒu zuò miào,

庙里有个和尚讲故事，讲的什么呢？
miào li yǒu ge héshang jiǎng gùshi, jiǎng de shénme ne?

새 단어

从前 cóngqián 명 이전, 옛날 · **庙** miào 명 절 · **和尚** héshang 명 승려, 스님
讲 jiǎng 동 이야기하다, 말하다 · **故事** gùshi 명 이야기

05 从前有座山。

쓰기 훈련

概 gài — 명 대략, 대개
一 十 才 木 杧 杧 朾 柘 根 桁 柩 椤 概

票 piào — 명 표
一 一 一 一 两 西 酉 覀 票 票 票

所 suǒ — 명 장소, 곳
一 厂 厂 戶 戶 所 所 所

原 yuán — 형 원래의, 최초의
一 厂 厂 厂 庐 庐 庐 原 原 原

刷 shuā — 동 솔로 닦다, (솔로) 칠하다
一 コ 尸 尸 吊 吊 刷 刷

轻 qīng — 형 가볍다
一 ナ 左 车 轺 轻 轻 轻 轻

痛 tòng	형 아프다, 괴롭다, 고통스럽다
	丶 亠 广 广 疒 疒 疒 疗 痄 病 痛 痛

表 biǎo	동 표현하다, 나타내다 명 겉, 표면, (도)표, 시계, 계량기
	一 二 丰 丰 丰 表 表 表

실용 단어·표현 읽기

可回收物
kě huíshōu wù
재활용 가능한 것

不可回收物
bù kě huíshōu wù
재활용 불가능한 것

其他垃圾
qítā lājī
기타 쓰레기

废电池回收
fèi diànchí huíshōu
폐건전지 재활용

실전 읽기·쓰기 연습 Ⅰ

1. 그림과 연관 있는 표현을 선택하세요.

(1)
☐ 可以回收的东西
☐ 不能回收的东西

(2)
☐ 用完了的电池
☐ 不能回收的东西

(3)
☐ 这瓶葡萄酒多少钱？
☐ 喝水好还是喝饮料好？

(4)
☐ 公共汽车
☐ 我自己的汽车

2. 빈칸에 알맞은 표현을 써 넣으세요.

(1)

50

(2)

你游泳游得_____？

(3)

昨天，_____，八点多就到长城了。

(4) A 你对太极拳怎么那么清楚啊？

　　B 通过看书，慢慢_____。

(5) A 别人都说你回国了，原来你没走啊。

　　B 开始是想回去的，后来_____，就没走。

실전 읽기·쓰기 연습 Ⅱ

1. 문장을 읽고 연관 있는 그림을 선택하세요.

A
B
C

D
E

⑴ 原来你早饭都吃中餐呀！　　　　　　　（　　）

⑵ 我觉得这个学期在我们班，过得特别愉快。（　　）

⑶ 我小时候就爱听爸爸讲故事。　　　　　（　　）

⑷ 咱们这儿离那个有名的公园有多远啊？　（　　）

⑸ 昨天晚会上我才知道，朱云云舞跳得那么好。（　　）

2. 문장을 읽고 그에 대한 대답으로 알맞은 문장을 선택하세요.

A　没事的时候还行，忙的时候不想做。

B　是吗？三班更好吧？

C　我也希望快点儿考完。

D　不会吧。昨天晚上我们打电话，他还说来呢。

E　没有卡买票也行，但是刷卡便宜。

⑴ 坐公共汽车都得刷卡吗？　　　　　　　（　　）

⑵ 这么晚了，他可能不来了吧？　　　　　（　　）

⑶ 你爱做饭吗？　　　　　　　　　　　　（　　）

⑷ 你们演得太好了！　　　　　　　　　　（　　）

⑸ 考完试就轻松了。　　　　　　　　　　（　　）

3. 별(★) 표시된 문장의 옳고 그름을 판단하세요.

(1) 通过这个学期的学习，我们的汉语都进步了不少。
　　★ 这个学期，我们的汉语进步很大。　　　　　　（　　　）

(2) 知识丰富、做事认真的老师，学生最喜欢。
　　★ 学生喜欢每一位老师。　　　　　　　　　　　（　　　）

(3) 昨天我们去了西山公园，那儿风景真好，我们都不想回来了。
　　★ 我们昨天住在西山公园了。　　　　　　　　　（　　　）

(4) 我每个月都得花五千多块钱。
　　★ 每月五千块钱不够说话人花。　　　　　　　　（　　　）

(5) 刷卡是方便多了，可是卡丢了就麻烦了。
　　★ 卡可不能丢呀。　　　　　　　　　　　　　　（　　　）

4. 아래의 짧은 글을 베껴 쓴 후, 다시 이를 모방한 자신만의 글을 써 보세요.

　　这个学期快要结束了，大家说好周末开个晚会。
　　我们班的男同学都喜欢做饭，他们在中国学会了做中餐。包饺子、做中国菜都没问题，所以，做饭的事情就交给他们了。我们女同学要准备东西，买水果，买饮料，还得买点儿葡萄酒，啤酒也有人喜欢。
　　晚会上，当然要表演节目了。从昨天开始就有人报名了，有唱歌的，有跳舞的，有表演太极拳的，还有人愿意讲故事，节目真丰富啊！
　　我表演个什么节目呢？我还没想好，我想表演一个汉语节目，看看大家能不能听懂。

(1) 베껴 쓰기

(2) 자신만의 글 쓰기

06 一学就会。
Yì xué jiù huì.
배우면 바로 할 수 있습니다.

읽기 훈련

1

一学就会。一看就懂。
Yì xué jiù huì. Yí kàn jiù dǒng.

새 단어 一……就…… yī……jiù…… ~하자마자 ~하다, ~하자 곧 ~하다

2

容易的，一学就会。简单的，一看就懂。
Róngyì de, yì xué jiù huì. Jiǎndān de, yí kàn jiù dǒng.

问一问，就清楚了。看一看，就明白了。
Wèn yí wèn, jiù qīngchu le. Kàn yí kàn, jiù míngbai le.

不明白的，问一问就清楚了。
Bù míngbai de, wèn yí wèn jiù qīngchu le.

不清楚的，看一看就明白了。
Bù qīngchu de, kàn yí kàn jiù míngbai le.

새 단어 简单 jiǎndān 형 간단하다 · 清楚 qīngchu 동 이해하다, 알다 형 분명하다
明白 míngbai 동 알다, 이해하다

3

送你送到中国来，有几句话要交代：
Sòng nǐ sòngdào Zhōngguó lái, yǒu jǐ jù huà yào jiāodài:

记住我的情，记住我的爱，记住有我在等待。
Jìzhù wǒ de qíng, jìzhù wǒ de ài, jìzhù yǒu wǒ zài děngdài.

认真学汉语，安心学汉语，等你回来教汉语。
Rènzhēn xué Hànyǔ, ānxīn xué Hànyǔ, děng nǐ huílai jiāo Hànyǔ.

새 단어

句 jù 양 마디[말, 글을 셀 때 쓰임] · 交代 jiāodài 동 (사정이나 의견을) 설명하다, 당부하다
记住 jìzhù 동 기억하다 · 等待 děngdài 동 기다리다 · 安心 ānxīn 형 안심하다, 마음놓다

실력 향상 표현

既来之，则安之。
Jì lái zhī, zé ān zhī.
기왕 온 바에 마음을 편하게 갖는다. 기왕 이렇게 된 이상 마음을 편하게 가져야 한다.

쓰기 훈련

就 jiù	부 바로, 곧
	丶 亠 广 亣 吉 亨 京 京 京 尌 就 就

既 jì	접 (기왕) ~한 바에는, ~한 이상은, ~할 뿐만 아니라
	ᄀ ᄏ ᄏ ᄐ 艮 旣 旣 旣 既

06 一学就会。 57

则 zé	젭 ~하면 ~하다
	丨 冂 贝 贝 则 则

실용 단어·표현 읽기

请整齐摆放自行车。
Qǐng zhěngqí bǎifàng zìxíngchē.
자전거를 가지런히 세워 주세요.

修车
xiūchē
자전거 또는 자동차 수리

消防通道禁止停车
xiāofáng tōngdào jìnzhǐ tíngchē
소방 도로 주차 금지

실전 읽기·쓰기 연습

1. 아래의 짧은 글을 읽고, 질문에 알맞은 답을 고르세요.

几十年前，中国是一个自行车大国，自行车在中国人的生活中非常重要。大人上班下班要骑车，孩子上学放学要骑车。那时候，人们的生活几乎离不开自行车，有些人家里有两三辆自行车。今天，中国的经济发展

了，开汽车的人多了，骑自行车的人少了；修汽车的人多了，修自行车的人少了。汽车多了，乱停车的也多了，有时候禁止停车的地方也有人停车，还有的时候，消防通道也停了车。

(1) 以前在中国：
　　A 汽车多　　　　　B 自行车多　　　　C 每家有两辆车

(2) 现在在中国：
　　A 修汽车很难　　　B 没人修自行车　　C 有些人乱停车

(3) 消防通道：
　　A 不可以停车　　　B 可以停汽车　　　C 能停自行车

2. 문장을 읽고 그에 대한 대답으로 알맞은 문장을 선택하세요.

A　不好意思，我又来晚了。

B　我看，他不是有事来不了，而是不想来吧。

C　放心，一定把话带到。

D　您太客气了，咱们是邻居，应该的。

E　一点儿也不奇怪，很多学生都这样。

(1) 您帮了我们这么大的忙，我都不知道说什么好了。（　　）

(2) 他每次都听着音乐写作业。　　　　　　　　　　　（　　）

(3) 见了他的面，就说我问他好。　　　　　　　　　　（　　）

(4) 他说今天有事来不了了。　　　　　　　　　　　　（　　）

(5) 快点儿，我们都在等着你呢。　　　　　　　　　　（　　）

3. 자연스러운 문장이 완성되도록 보기를 나열하고, 알맞은 문장부호를 써 넣으세요.

(1) A 为了每天早上起床
    B 可是有些时候还是起不来
    C 我买了两个闹钟   _____

(2) A 今天手机找不着了
    B 昨天丢了一把雨伞
    C 接下来还会丢什么呢   _____

(3) A 人却不在房间里
    B 他的门开着呢
    C 电视也开着   _____

(4) A 不要天天迟到
    B 告诉你要入乡随俗
    C 下面这段话是写给你的吧   _____

(5) A 语言是一种习惯
    B 有些时候没有那么多为什么
    C 学习语言就是学习一种习惯   _____

4. 아래의 짧은 글을 읽고, 자신의 경험과 생각을 표현하는 글을 써 보세요.

      成语"既来之，则安之"是《论语》里的一句话。它的意思是："既然来到了这里，就要安下心来。"但这句话是不是也可以这样理解：当人们在一个不太适应的新环境中，遇到不如意的事情，遇到困难的时候，我们就可以用"既来之，则安之"来鼓励人们一定要坚持下去，要坚持到最后。因为坚持下来，就会适应，就能克服困难，就有可能成功。

07 走遍天下。
Zǒubiàn tiānxià.
천하를 두루 다녀요.

읽기 훈련

❶

世界各国，各国人民。
Shìjiè gè guó, gè guó rénmín.

人民友好，友好相处。
Rénmín yǒuhǎo, yǒuhǎo xiāngchǔ.

相处愉快，愉快学习。
Xiāngchǔ yúkuài, yúkuài xuéxí.

学习汉语，汉语好学。
Xuéxí Hànyǔ, Hànyǔ hǎo xué.

> **새 단어** 世界 shìjiè 명 세계, 세상 · 各 gè 대 각, 여러 · 国 guó 명 국가, 나라 · 人民 rénmín 명 인민, 국민
> 友好 yǒuhǎo 형 우호적이다 · 相处 xiāngchǔ 동 함께 살다[지내다]
> 好 hǎo 형 ~하기가 쉽다[동사 앞에 쓰임]

❷

学好汉语，走遍天下。
Xuéhǎo Hànyǔ, zǒubiàn tiānxià.

兄弟姐妹，天下一家。
Xiōngdì jiěmèi, tiānxià yì jiā.

人同此心，心同此理。
Rén tóng cǐ xīn, xīn tóng cǐ lǐ.

入乡随俗，广交朋友。
Rù xiāng suí sú, guǎng jiāo péngyou.

> **새 단어**
> 走遍 zǒubiàn 동 두루 (돌아)다니다 · 天下 tiānxià 명 천하[온 세상 또는 중국]
> 人同此心，心同此理 rén tóng cǐ xīn, xīn tóng cǐ lǐ 성 (이치와 도리에 대한) 사람의 느낌과 생각은 다 같다
> 入乡随俗 rù xiāng suí sú 성 그 고장에 가면 그 고장 풍속을 따라야 한다, 로마에 가면 로마법을 따라야 한다
> 广交 guǎng jiāo 폭넓게 사귀다

3

我们的同志在困难的时候，
Wǒmen de tóngzhì zài kùnnan de shíhou,

要看到成绩，要看到光明，
yào kàndào chéngjì, yào kàndào guāngmíng,

要提高我们的勇气。
yào tígāo wǒmen de yǒngqì.

> **새 단어**
> 同志 tóngzhì 명 동지 · 成绩 chéngjì 명 성적, 성과 · 光明 guāngmíng 명 광명, 밝은 빛
> 提高 tígāo 동 높이다, 끌어올리다 · 勇气 yǒngqì 명 용기

실력 향상 표현

有志者事竟成。
Yǒu zhì zhě shì jìng chéng.
의지를 가지면 일은 결국 성공한다. 뜻이 있는 곳에 길이 있다.

쓰기 훈련

处 chǔ·chù
chǔ 동 다른 사람과 함께 지내다, (상황에) 처하다, 처리하다 chù 명 곳, 장소
丿 ㄅ 夂 处 处

遍 biàn
동 널리[보편적으로] ~하다 양 번, 회[동작의 횟수를 셀 때 쓰임]
丶 亠 冄 户 户 肎 肩 肩 扁 漏 遍

随 suí
동 (~의 뒤를) 따르다
阝 阝 阝 阝 阶 阵 陏 陏 陏 随 随

실용 단어·표현 읽기

24小时自助银行服务
èrshísì xiǎoshí zìzhù yínháng fúwù
24시간 자가 은행 서비스

24小时营业 èrshísì xiǎoshí yíngyè 24시간 영업
订购电话 dìnggòu diànhuà 주문 전화

실전 읽기·쓰기 연습

1. 아래의 짧은 글을 읽고, 질문에 답하세요.

"自助"，顾名思义，就是自己帮助自己，不用别人帮忙。"自助银行服务"，就是在银行的ATM机上，自己存钱、取钱等。我们经常说的还有"自助餐"、"自助餐厅"、"自助游"。这里的"游"当然不是"游泳"，而是"旅游"。你要是不喜欢参加旅游团，就去自助游吧。

我们身边还有一些24小时营业的超市、便利店，一周7天、每天24小时不关门，真的给我们带来了便利。有些还能打他们的订购电话，把东西送到家。

(1) 你用"自助"的方式做过什么？

(2) 你见过哪些地方24小时营业？

(3) 你"订购"过东西吗？方便吗？

2. 문장을 읽고 그에 대한 대답으로 알맞은 문장을 선택하세요.

A 好的，别害怕。

B 别啊，这些还能再用呢，还有那些空盒子什么的，都有用。

C 他说了好多，我一句也没记住。

D 那儿呢，墙上挂着呢。

E 喜欢就带回去吧，送给你了。

(1) 小心，这里路不好走，慢点儿开。　　　　（　　）

(2) 我的帽子呢，你看见了吗？　　　　　　　（　　）

(3) 赶紧把这些废纸扔垃圾箱吧。　　　　　　（　　）

(4) 这花儿好看，我从来没见过这么漂亮的花儿，还挺香。（　　）

(5) 他都说了些什么？　　　　　　　　　　　　　　（　　）

3. 자연스러운 문장이 완성되도록 보기를 나열하고, 알맞은 문장부호를 써 넣으세요.

(1) A 希望大家从我做起

　　B 每天少用一个塑料袋

　　C 为了保护环境　　　　　　　　　　　　_____

(2) A 辣椒一个都没吃过

　　B 我喜欢吃甜的，从来不吃辣的

　　C 不过今天我想尝一尝　　　　　　　　　_____

(3) A 我相信你也会喜欢

　　B 这种食品既好吃又便宜

　　C 很多顾客都喜欢　　　　　　　　　　　_____

(4) A 我相信他还能做得更好

　　B 他很快就适应了这里的环境

　　C 这是他毕业以后的第一个工作　　　　　_____

(5) A 虽然贵点儿

　　B 可是买的人还是很多

　　C 这家的水果新鲜，味道也好　　　　　　_____

4. 아래의 짧은 글을 읽고, 자신의 경험과 생각을 표현하는 글을 써 보세요.

　　"有志者事竟成"是中国人非常喜爱的一个成语。它的意思是"有目标、有决心、能够坚持的人，最后一定会成功"。这样意思的成语在其他语言里也有，例如英语的"Where there is a will, there is a way"。这些成语都是鼓励人们要有自己的理想，有自己的目标，还要不断为自己的理想、为自己的目标作出努力，坚持到最后就能成功。

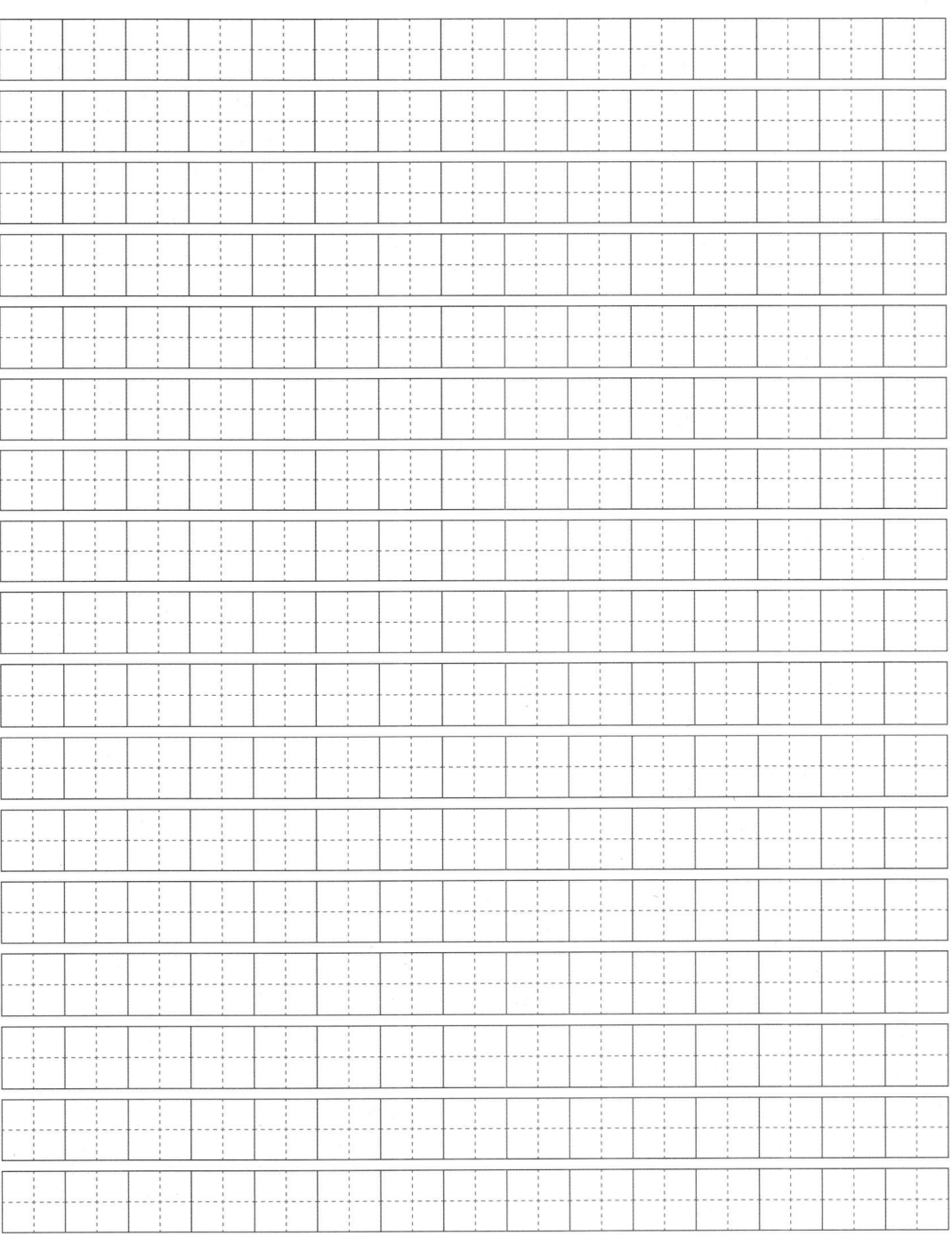

08 打开一扇窗户。
Dǎkāi yí shàn chuānghu.
창문을 열어요.

읽기 훈련

❶

黄河、黄山、黄土地。
Huáng Hé、Huáng Shān、huángtǔdì.

长江、长城、长三角。
Cháng Jiāng、Cháng Chéng、Chángsānjiǎo.

中医、中药、中国结。
Zhōngyī、zhōngyào、zhōngguójié.

汉语、汉字、汉文化。
Hànyǔ、Hànzì、Hànwénhuà.

새 단어   黄山 Huáng Shān 고유 황산[안후이(安徽)성에 있는 유명한 산]
黄土地 huángtǔdì 명 황색의 땅, 황토로 된 땅 · 长三角 Chángsānjiǎo 고유 창장 삼각주
中医 zhōngyī 명 중국 (전통) 의학 · 中国结 zhōngguójié 명 중국 (공예) 매듭

❷

学习外语，了解文化。
Xuéxí wàiyǔ, liǎojiě wénhuà.

打开窗户，世界真大。
Dǎkāi chuānghu, shìjiè zhēn dà.

学习一门外语，了解一种文化。
Xuéxí yì mén wàiyǔ, liǎojiě yì zhǒng wénhuà.

打开一扇窗户，知道世界真大。
Dǎkāi yí shàn chuānghu, zhīdào shìjiè zhēn dà.

> **새 단어**
> 外语 wàiyǔ 몡 외국어 · 打开 dǎkāi 동 열다 · 窗户 chuānghu 몡 창문
> 门 mén 양 가지, 과목[학문, 기술 등을 셀 때 쓰임] · 扇 shàn 양 [문, 창문 등을 셀 때 쓰임]

3

世界是你们的，也是我们的，但是，归根结底是你们的。
Shìjiè shì nǐmen de, yě shì wǒmen de, dànshì, guī gēn jié dǐ shì nǐmen de.

你们青年人朝气蓬勃，
Nǐmen qīngniánrén zhāoqì péngbó,

正在兴旺时期，
zhèngzài xīngwàng shíqī,

好像早晨八九点钟的太阳，
hǎoxiàng zǎochen bā-jiǔ diǎnzhōng de tàiyáng,

希望寄托在你们身上。
xīwàng jìtuō zài nǐmen shēnshang.

> **새 단어**
> 归根结底 guī gēn jié dǐ 성 결국(에 가서는) · 青年人 qīngniánrén 몡 청년, 젊은이
> 朝气蓬勃 zhāoqì péngbó 성 생기가 넘치다 · 兴旺 xīngwàng 형 번창하다, 왕성하다, 흥성하다
> 时期 shíqī 몡 시기 · 好像 hǎoxiàng 동 마치 ~와 같다[비슷하다] · 早晨 zǎochen 몡 (이른) 아침
> 希望 xīwàng 몡 희망 · 寄托 jìtuō 동 (~에) 두다, 걸다, 의탁하다

실력 향상 표현

百闻不如一见。
Bǎi wén bùrú yí jiàn.
백 번 듣는 것이 한 번 보는 것만 못하다.

쓰기 훈련

结 jiē·jié
- jiē 동 (열매, 씨앗이) 맺다 jié 동 매다, 묶다, 결합하다, 종결하다 명 매듭
- 乙 幺 纟 纟 纩 红 结 结 结

窗 chuāng
- 명 창, 창문
- 丶 宀 宀 宀 穴 宓 窏 窏 窗 窗

闻 wén
- 동 듣다, 냄새를 맡다 명 소식, 명성
- 丶 门 门 门 闩 闻 闻 闻 闻

실용 단어·표현 읽기

中华老字号
Zhōnghuá lǎozìhao
중국의 전통 있는 가게[상호]

北京同仁堂
Běijīng Tóngréntáng
베이징 통런탕[유명 약국 이름]

平价药店
píngjià yàodiàn
적정 가격에 판매하는 약국

名烟名酒专营
míngyān míngjiǔ zhuānyíng
유명 담배·술 전문 판매점

실전 읽기·쓰기 연습

1. 아래의 짧은 글을 읽고, 질문에 알맞은 답을 고르세요.

"中华老字号"指的是那些既有很好的产品和服务，又有很长历史的老店，它们都具有中国传统文化特色，在社会上很受欢迎。例如：北京同仁堂药店，就是一家1669年建立的很有名的老字号。

"平价"的意思是普通的价格、公平的价格，平价药店也很受欢迎。

"名烟名酒"，顾名思义，就是有名的烟、有名的酒，"名烟名酒专营"就是专门卖名烟名酒的店。

(1) 什么是老字号？

　　A 东西便宜的店　　　B 一家商店的名字　　C 有历史、有传统的店

(2) 平价药店为什么受欢迎？

　　A 产品好　　　　　　B 有传统　　　　　　C 价格公平

(3) "名酒"是什么意思？

　　A 有名的酒　　　　　B 好喝的酒　　　　　C 大家喜欢的酒

2. 문장을 읽고 그에 대한 대답으로 알맞은 문장을 선택하세요.

A 就是门口那家老字号，那里的东西不但质量好，价格还公平。

B 所以我就到这个城市来了，也因此咱们俩就认识了。

C 我才不会后悔呢。

D 我已经买了，我觉得很有中国特色。

E 那我们就去那家服装店吧。

(1) 你的茶真好喝，在哪儿买的？　　　　　　　　（　　　）

⑵ 那家店的衣服也不错，可以有更多的选择。　　（　　）

⑶ 你不能这样做，这样做你会后悔的。　　　　　（　　）

⑷ 这两年唐装很流行，你也买一件吧。　　　　　（　　）

⑸ 那个城市不但学校的学费贵，生活费也贵。　　（　　）

3. 빈칸에 알맞은 표현을 골라 써 넣으세요.

| 道理　　　缘分　　　都　　　从来　　　特 |

⑴ A 你今天晚上有约会吧，是不是该走了？
　　B 呀，真的，我_____忘了。

⑵ A 爸，您这么做没_____，您也应该听听我是怎么想的。
　　B 我不听，我是你爸，你就得听我的。

⑶ A 这家老字号有多少年历史了？
　　B 100多年，其实这家店历史不是最长的，可是价格公平，产品好，所以_____受欢迎。

⑷ A 你是从德国来的，我是从韩国来的，现在我们在中国认识了。
　　B 是啊，这就是中国人说的_____吧。

⑸ A 这饺子是我包的，你尝尝。
　　B 真好吃，我_____没吃过这么好吃的饺子。

4. 아래의 짧은 글을 읽고, 자신의 경험과 생각을 표현하는 글을 써 보세요.

中国人非常喜欢"百闻不如一见"这个成语，成语中的"闻"是"听、听见"的意思。顾名思义，"百闻不如一见"就是听别人说了一百次，也不如自己亲眼看一看好。

　　生活的经验告诉我们，要了解真实情况，就应该用自己的眼睛去看，用自己的脑子去想。我们亲眼看到的东西才是最真实的东西，我们亲眼看到了东西，才会有最真实的感受。

09 对什么都感兴趣。
Duì shénme dōu gǎn xìngqù.
모든 것에 흥미가 있어요.

읽기 훈련

1

有兴趣，没兴趣，有没有兴趣？
Yǒu xìngqù, méi xìngqù, yǒu méiyǒu xìngqù?

感兴趣，不感兴趣，感不感兴趣？
Gǎn xìngqù, bù gǎn xìngqù, gǎn bù gǎn xìngqù?

对麻将很有兴趣，对书法很感兴趣。
Duì májiàng hěn yǒu xìngqù, duì shūfǎ hěn gǎn xìngqù.

새 단어 兴趣 xìngqù 명 흥미 · 感 gǎn 동 느끼다 · 麻将 májiàng 명 마작[중국의 실내 오락]
书法 shūfǎ 명 서예

2

你对什么有兴趣？我对足球有兴趣。
Nǐ duì shénme yǒu xìngqù? Wǒ duì zúqiú yǒu xìngqù.

他对什么感兴趣？他对网球感兴趣。
Tā duì shénme gǎn xìngqù? Tā duì wǎngqiú gǎn xìngqù.

对什么都感兴趣，对什么都不感兴趣。
Duì shénme dōu gǎn xìngqù, duì shénme dōu bù gǎn xìngqù.

对什么都有兴趣，对什么都没有兴趣。
Duì shénme dōu yǒu xìngqù, duì shénme dōu méiyǒu xìngqù.

> **새 단어** 网球 wǎngqiú 몡 테니스

###

一上课就睡觉，
Yí shàngkè jiù shuìjiào,

睡上觉就说梦话。
shuìshang jiào jiù shuō mènghuà.

一见面就吵架，
Yí jiànmiàn jiù chǎojià,

吵起架就说胡话。
chǎoqǐ jià jiù shuō húhuà.

一上网就聊天儿，聊起天儿就没个完。
Yí shàngwǎng jiù liáotiānr, liáoqǐ tiānr jiù méi ge wán.

一比赛就输球，输了球就找借口。
Yì bǐsài jiù shū qiú, shūle qiú jiù zhǎo jièkǒu.

> **새 단어** 睡觉 shuìjiào 동 잠자다 · 梦话 mènghuà 명 잠꼬대 · 吵架 chǎojià 동 다투다
> 胡话 húhuà 명 허튼소리 · 比赛 bǐsài 동 시합하다, 경기하다 · 输 shū 동 패하다, 지다
> 球 qiú 명 구기 운동, 공 · 借口 jièkǒu 명 핑계

> **실력 향상 표현**
>
> 少壮不努力，老大徒伤悲。
> Shàozhuàng bù nǔlì, lǎodà tú shāngbēi.
> 젊어서 노력하지 않으면 늙어서 부질없이 슬퍼질 뿐이다.

쓰기 훈련

网 wǎng	몡 그물(처럼 생긴 것), 망, 인터넷
	丨 冂 冈 冈 网 网

吵 chǎo	몡 시끄럽다 통 떠들다, 말다툼하다
	丨 口 口 叭 叫 吵 吵

徒 tú	튀 공연히, 헛되이, 쓸데없이 몡 도제, 학생
	丿 彳 彳 彳 彳 往 往 徒 徒

실용 단어·표현 읽기

减速慢行 jiǎnsù màn xíng 속도를 줄이고 천천히 가세요
出入平安 chūrù píng'ān 무사히[평안히] 출입하세요[드나드세요]

珍惜生命，从遵守交通规则开始。
Zhēnxī shēngmìng, cóng zūnshǒu jiāotōng guīzé kāishǐ.
생명을 아끼는 것은 교통 규칙 준수에서 시작됩니다.

请勿酒后驾车！Qǐng wù jiǔ hòu jià chē! 음주 후에는 차를 운전하지 마세요!

실전 읽기·쓰기 연습

1. 아래의 짧은 글을 읽고, 질문에 알맞은 답을 고르세요.

你见过"减速慢行，出入平安"这样的话吗？你是在什么地方见到的？对，一定是在车辆出入的地方。这是在告诉司机，不要开快车，在哪里平安都是最重要的。

生命是宝贵的，每一个人都只有一次，因此我们要珍惜生命、珍爱生命，开车、走路都要遵守交通规则。但是，我们身边每天都有不遵守交通规则的事情发生。比如，有些司机开车太快，有些走路的人不遵守交通规则。司机酒后开车就更危险了，那就是不尊重生命，也是在和生命开玩笑。

⑴ "减速慢行，出入平安"是什么意思？

　　A 别开快车　　　　B 祝你平安　　　　C 车太慢了

⑵ 下面哪项没有遵守交通规则？

　　A 开车减速　　　　B 酒后开车　　　　C 晚上开车

2. 문장을 읽고 그에 대한 대답으로 알맞은 문장을 선택하세요.

A 是的，他们是看中了中国这个大市场。

B 好，知道了，放心吧。

C 真可惜，我不能吃辣的，只能看着你们吃了。

D 我也没想到他汉语进步这么快，真让人吃惊。

E 什么也不用怕，会有人帮你的。

⑴ 最近，到中国来发展的公司好像多了不少。　　　　（　　）

⑵ 你还说他不会汉语呢，他的汉语说得既清楚又流利。（　　）

⑶ 这个衣柜重得不得了，搬的时候一定要小心。　　　（　　）

⑷ 我对那里的一切都不了解，怎么办？　　　　　　　（　　）

⑸ 这几个菜又好看又好吃。　　　　　　　　　　　　（　　）

3. 빈칸에 알맞은 표현을 골라 써 넣으세요.

> 打不开　　　越……越……　　　健康　　　不懂　　　改

(1) A　你写的是什么呀，我越看越_____。

　　B　你再认真看一遍，没有那么难。

(2) A　我挺喜欢跟老王聊天儿的。

　　B　是，他说话有意思，有些话还_____想_____有道理。

(3) A　这个字好像错了吧？

　　B　真的错了，你帮我_____了吧。

(4) A　他的电脑_____，他急得不得了。

　　B　那赶快找人修一下吧。

(5) A　每天站着吃饭，你不是在开玩笑吧？

　　B　我是听一个老人说的，他说这样身体更_____。

4. '林海'가 '大周'에게 남긴 메모를 읽고, 그 형식과 서술 방식 등을 이해하세요.

大周：

　　你爸妈联系不上你，让我转告你：因为下大雨，飞机没能准时起飞，现在他们还在机场等候，什么时候起飞，还不知道。等有了消息，他们会再和你联系。所以明早8点你先不要去机场接他们了，什么时候接机等他们电话。

　　我去朋友家了，今晚不回来。

　　明天见！

　　　　　　　　　　　　　　　　　　　　　　　　　你的同屋　林海

　　　　　　　　　　　　　　　　　　　　　　　　　10月10日

5. 아래의 짧은 대화문을 읽고, 룸메이트인 '汉特'에게 편지 형식의 메모를 써 보세요.

张晓：您好。

大中：您好，您是哪位？

张晓：我是汉特的朋友，我叫张晓，请问汉特在吗？

大中：他和朋友一起出去了，可能回来比较晚，您有事吗？我可以转告。

张晓：噢。我原来和他约好，明天请他去我的老家玩儿。可是我妈刚刚来电话，我爸突然病了，现在还在医院，我也得赶快回去。非常抱歉，请他去我家玩儿的事只好以后再说了。

大中：您放心，我一定转告他。

张晓：请您告诉他，等我爸好了以后，我再和他约时间。

10 黄河九十九道弯。
Huáng Hé jiǔshíjiǔ dào wān.
아흔아홉 굽이의 황허.

읽기 훈련

❶

长江长，黄河黄。
Cháng Jiāng cháng, Huáng Hé huáng.

黄河没有长江长，
Huáng Hé méiyǒu Cháng Jiāng cháng,

长江没有黄河黄。
Cháng Jiāng méiyǒu Huáng Hé huáng.

黄河黄，黄河宽，黄河共有九十九道弯。
Huáng Hé huáng, Huáng Hé kuān, Huáng Hé gòng yǒu jiǔshíjiǔ dào wān.

长江长，长江宽，长江没有那么多弯。
Cháng Jiāng cháng, Cháng Jiāng kuān, Cháng Jiāng méiyǒu nàme duō wān.

> **새 단어** 没有 méiyǒu 동 ~에 미치지 못하다, ~만 못하다 · 宽 kuān 형 (폭이) 넓다 · 共 gòng 부 전부, 모두
> 道 dào 양 [강, 하천 등을 셀 때 쓰임] · 弯 wān 명 굽이, 굽어진 곳

❷

小王住在长江头，小李住在长江尾，
Xiǎo Wáng zhùzài Cháng Jiāng tóu, Xiǎo Lǐ zhùzài Cháng Jiāng wěi,

从未见过面，同喝一江水。
cóng wèi jiànguo miàn, tóng hē yì jiāng shuǐ.

有山有水风景好，他们的家乡实在美。
Yǒu shān yǒu shuǐ fēngjǐng hǎo, tāmen de jiāxiāng shízài měi.

老刘住在黄河南，老张住在黄河北，
Lǎo Liú zhùzài Huáng Hé nán, Lǎo Zhāng zhùzài Huáng Hé běi,

经常能见面，不喝黄河水。
jīngcháng néng jiànmiàn, bù hē Huáng Hé shuǐ.

他们的家乡不算美，低矮的房屋，难喝的井水。
Tāmen de jiāxiāng bú suàn měi, dī'ǎi de fángwū, nán hē de jǐngshuǐ.

새 단어
- 尾 wěi 몡 꼬리, 끝
- 从未 cóng wèi 지금까지 ~한 적이 없다
- 同 tóng 閏 함께, 같이
- 家乡 jiāxiāng 몡 고향
- 实在 shízài 閏 참으로, 정말
- 不算 bú suàn ~한 편은 아니다
- 低矮 dī'ǎi 혱 (사물의 높이가) 낮다
- 房屋 fángwū 몡 건물, 주택, 가옥
- 井水 jǐngshuǐ 몡 우물물

3

保护母亲河，保护长江水。
Bǎohù mǔqīnhé, bǎohù Cháng Jiāng shuǐ.

保护大自然，保护地球村。
Bǎohù dàzìrán, bǎohù dìqiúcūn.

让天空更蓝，让河水更清。
Ràng tiānkōng gèng lán, ràng héshuǐ gèng qīng.

让环境更美，让生活更好。
Ràng huánjìng gèng měi, ràng shēnghuó gèng hǎo.

새 단어
- 母亲 mǔqīn 몡 모친, 어머니
- 地球村 dìqiúcūn 몡 지구촌
- 天空 tiānkōng 몡 하늘
- 蓝 lán 혱 남빛의, 남색의
- 河水 héshuǐ 몡 강물
- 清 qīng 혱 깨끗하다, 맑다

실력 향상 표현

不识庐山真面目，只缘身在此山中。
Bù shí Lú Shān zhēn miànmù, zhǐ yuán shēn zài cǐ shān zhōng.

루산의 참모습 알기 어려우니, 이는 내 몸이 이 산중에 있기 때문이다. 숲 속에 있는 사람은 숲 전체의 모습을 볼 수 없다. 사물의 본질을 파악하지 못하다.

쓰기 훈련

矮 ǎi
형 (키가) 작다, (높이, 지위, 등급 등이) 낮다
丿 ㇀ 二 午 矢 矢 矢² 矮 矮 矮 矮 矮

缘 yuán
개 ~때문에, ~를 위하여 명 이유, 까닭, 인연
𠃋 ㇀ 纟 纟 纩 纩 绊 绊 缘 缘 缘 缘

此 cǐ
대 이(것), 이때, 이곳
丨 卜 ㅑ 止 止 此

실용 단어·표현 읽기

文明你我他，和谐千万家。
Wénmíng nǐ wǒ tā, héxié qiānwàn jiā.
당신과 나와 그가[우리가] 교양을 갖추면 모든 가정이 화목해집니다.

依法诚信纳税，共建小康社会。
Yīfǎ chéngxìn nàshuì, gòng jiàn xiǎokāng shèhuì.
법에 따른 성실한 납세로 잘사는 사회를 만들어 갑시다.

실전 읽기·쓰기 연습

1. 아래의 짧은 글을 읽고, 내용상 관련 있는 표어끼리 짝지으세요.

标语是中国的一个特色。在城市、在农村，走到哪儿，都能看到标语。过去是这样，今天还是这样。但是，中国是变化的，标语当然也在变。

30多年前，中国到处都是自行车，汽车少，开得太快，骑车人和行人都很危险，"一慢二看三通过"是当时最流行的标语，它告诉司机：车开慢点儿，看好路，真的没有自行车、没有行人了，你再走。"高高兴兴上班来，平平安安回家去"是前些年最受欢迎的一条标语，让人过目难忘。

中国改革开放后，西方思想不断影响中国。广东最先出现了"时间就是金钱，效率就是生命"这样的标语，在当时产生了极大的影响。有人说这是中国改革开放30年，最有名、对中国人影响最大的一条标语。

(1) 节约用水就是珍惜生命　　　　　A 从我做起，拒绝酒驾

(2) 齐心合力，共创和谐社会　　　　B 珍惜水资源，保护水环境

(3) 拒绝酒后驾车　　　　　　　　　C 交通安全进万家，出入平安你我他

(4) 关爱生命，平安出行　　　　　　D 爱护我们的地球，从点点滴滴做起

(5) 地球是我家，环保靠大家　　　　E 创建平安家庭，构建和谐社会

2. 문장을 읽고 그에 대한 대답으로 알맞은 문장을 선택하세요.

A 你开玩笑吧，这么难的句子我可翻译不了。

B 好好儿找找，肯定丢不了。

C 当然，我觉得很有意思，我还会继续学下去。

D 是啊，天气也慢慢热起来了。

E 去什么电影院啊，在网上就能看。

(1) 听说那个电影不错，我们明天去电影院看看。　　(　　)

(2) 一到这个季节，公园里的花儿就开了。　　(　　)

(3) 能帮忙把这几个句子翻译一下吗？　　(　　)

(4) 我想不起来我把地图放哪儿了，你还记得吗？　　(　　)

(5) 学完这本书，你还继续学吗？　　(　　)

3. 별(★) 표시된 문장의 옳고 그름을 판단하세요.

(1) 刚才是我表演的，现在轮到你了。

　　★ 从这句话我们知道：现在该你表演了。　　(　　)

(2) 这里太美了，我想一辈子都住在这儿，哪儿也不去。

　　★ 从这句话我们知道：这里美得不得了。　　(　　)

⑶ 我们两个人吃不了这么多，少买点儿就好了。

　　★ 从这句话我们知道：不能买太少了。　　　　（　　）

⑷ 他旅行时，每到一个地方都会给父母寄一张明信片。

　　★ 从这句话我们知道：他的父母都喜欢明信片。（　　）

⑸ 学习外语，了解外国文化，可以让我们更好地认识世界。

　　★ 从这句话我们知道：我们都会一门外语。　　（　　）

4. 아래의 메모를 읽고, 친구에게 남기는 자신만의 메모를 써 보세요. 내용은 스스로 정합니다.

文华：

　　你好！

　　今天晚上我们班有个party，我负责买水果，可是我下午有点儿急事，没时间去商店，麻烦你去帮我买一点儿，谢谢。

　　参加晚会的有15个人左右，买什么水果你决定，不过一定要多买点儿葡萄，因为喜欢吃葡萄的人多。钱先用你的吧，晚上回来还你。

　　为了感谢你的帮助，这个周末，我负责打扫卫生，再给你做一顿日本饭，怎么样？☺

　　谢谢你的帮助。

　　　　　　　　　　　　　　　　　　　　　　　　真由子
　　　　　　　　　　　　　　　　　　　　　　　　10月30日

- 모범답안
- 해석

01

읽기 훈련

❶ 만두, 컵, 탁자. 나는 만두를 좋아해요.
꽃, 문, 놀기. 나는 놀기를 좋아해요.
만두를 먹어요. 만두를 빚어요. 만두소, 만두피.
혼자 놀아요. 함께 놀아요. 뭐하고 노나요? 어떻게 노나요?

❷ 나는 집이 있어요. 집은 크지 않습니다.
나는 차가 있어요. 차는 작습니다.
나는 컵이 있어요. 컵 속에 술은 없습니다.
나는 꽃을 좋아하지만, 살 돈이 없어요.
나는 놀기 좋아하지만, 시간이 없어요.

실전 읽기 · 쓰기 연습 I

1.

(1) 保质期到2014年4月15일。
　　☐ 생산 일자는 2014년 4월 15일입니다.　☑ 품질 보증 기간은 2014년 4월 15일까지입니다.

(2) 有效期到2015年6월。
　　☐ 유효 기간은 20130701입니다.　☑ 유효 기간은 2015년 6월까지입니다.

(3) 有效期是两年。
　　☐ 유효 기간은 2014년입니다.　☑ 유효 기간은 2년입니다.

(4) 我今天又累又不舒服，不想看书。
  ☐ 다른 방법으로도 중국어를 배울 수 있습니다.
  ☑ 나는 오늘 피곤하고 몸이 안 좋아서 책을 보고 싶지 않습니다.

方法 fāngfǎ 몡 방법 • **又……又……** yòu……yòu…… ~하기도 하고 ~하기도 하다 • **舒服** shūfu 혱 (몸이나 마음이) 편안하다

2.

(1) 咖啡　커피

(2) 京剧演员　그는 경극 배우입니다.

(3) 把自行车　자전거를 여기 세울 수 없습니다. 여기는 길이에요.

(4) 不好吃, 贵　A 이 음식점은 어떤가요?
　　　　　　　B 맛없고 비싸서 저는 좋아하지 않아요.

(5) 拿走　A 책은 제가 가져갈게요?
　　　　　B 가져가세요. 다 보면 돌려주세요. 서두르지 마시고요.

京剧 jīngjù 몡 경극 • **演员** yǎnyuán 몡 배우 • **放** fàng 동 두다, 놓다 • **饭馆** fànguǎn 몡 음식점, 식당 • **好吃** hǎochī 혱 맛있다 • **贵** guì 혱 비싸다 • **拿走** názǒu 동 가지고 가다 • **还给** huángěi 동 ~에게 돌려주다 • **着急** zháojí 동 초조해하다, 조급해하다

실전 읽기·쓰기 연습 II

1.

(1) D 책에서 대다수 중국인들이 더치페이에 익숙하지 않다던데, 그런가요?

(2) C 이렇게 늦게 일어난 거예요?

(3) B 제가 보기에 당신의 휴대전화가 제 것과 같네요.

(4) A 우리 술집에 가서 축구 경기 봅시다.

(5) E 걷는 건 너무 느린데, 언제나 도착할 수 있을까요?

大多数 dàduōshù 몡 대다수 • **习惯** xíguàn 동 습관이 되다, 익숙해지다, 적응하다 • **AA制** AAzhì 몡 더치페이 (하다) • **起床** qǐchuáng 동 (잠자리에서) 일어나다 • **手机** shǒujī 몡 휴대전화 • **一样** yíyàng 혱 같다 • **酒吧** jiǔbā 몡 술집, 바(bar) • **足球** zúqiú 몡 축구 • **比赛** bǐsài 몡 경기, 시합

2.

(1) 그렇게나 경기 보는 걸 좋아하다니. 정말 팬이시군요.
　　C 남자들은 다 좋아하죠.
(2) 어제 잘 못 잤죠?
　　A 어제 못 잤어요. 그 텔레비전 프로그램이 무척 재미있었거든요.
(3) 누가 또 좋은 생각이 있으면 말해 보세요.
　　E 제가 한 가지 (말할 것이) 있습니다.
(4) 모든 은행은 여덟 시에 문 여는 것이 불가능합니다.
　　D 맞아요. 너무 일러요.
(5) 나랑 가길 원하나요?
　　B 당연히 원해요.

- 球迷 qiúmí 명 (축구, 야구 등 구기 종목의) 팬(fan) - 睡 shuì 통 (잠을) 자다 - 节目 jiémù 명 프로그램 - 主意 zhǔyi 명 생각, 의견 - 银行 yínháng 명 은행
- 不可能 bù kěnéng 불가능하다 - 开门 kāimén 문을 열다, 영업을 시작하다 - 愿意 yuànyì 조동 ~하기를 바라다 - 当然 dāngrán 부 당연히, 물론

3.

(1) 오늘 여러분이 식사하시는 것은 제가 돈을 내겠습니다.
　　★ 화자는 오늘 한턱낸다. (✓)
(2) 오늘 식사를 마치면 우리 각자가 자기 몫의 돈을 냅시다.
　　★ 이들은 오늘 더치페이 하지 않는다. (✗)
(3) 제가 이미 분명히 말씀 드렸듯이 중국은 외국과 다르게 팁이 없습니다.
　　★ 화자는 중국에 팁이 없다고 말한다. (✓)
(4) 그 사람들은 늘 같이 먹고 마시는데, 전 싫어요.
　　★ 화자는 항상 그들에게 화를 낸다. (✗)
(5) 저는 중국에 온 지 두세 달 만에 바로 적응했어요.
　　★ 중국에 온 후, 화자는 빨리 적응했다. (✓)

- 付 fù 통 지불하다, 지출하다 - 钱 qián 명 돈, 금전 - 请客 qǐngkè 통 한턱내다 - 已经 yǐjīng 부 이미, 벌써 - 清楚 qīngchu 형 분명하다 - 小费 xiǎofèi 명 팁 - 经常 jīngcháng 부 늘, 항상, 자주 - 常常 chángcháng 부 늘, 항상, 자주 - 生气 shēngqì 통 화내다, 성내다

4.

　　중국에는 외국과 다른 일들이 많습니다. 많은 중국 사람들은 아침 대여섯 시면 일어납니다. 또 중국 사람들은 따뜻한 밥과 따뜻한 요리를 먹는 걸 좋아하죠. 물도 따뜻한 것을 마셔야 합니다. 중국 사람들은 함께 식사를 마친 후, 종종 한 사람이 돈을 지불합니다. 그들은 이것을 '한턱낸다'라고 말하죠. 한번은 선생님께서 우리 일고여덟 명에게 밥을 사셨습니다. 그렇게 많은 사람이 식사를 했으니 돈을 많이 쓰셨을 거예요. 중국의 식당, 호텔, 술집 등에서 팁을 지불할 필요가 없는 것 또한 나는 신기했습니다. 또 중국의 상점이 매우 늦은 저녁에 문을 닫고, 주말에도 쉬지 않는다는 것도요.
　　중국에 온 후, 나는 이곳에 빨리 적응했습니다.

▪ 热 rè 형 덥다, 뜨겁다 ▪ 叫 jiào 동 (~라고) 하다, 부르다 ▪ 宾馆 bīnguǎn 명 호텔 ▪ 新鲜 xīnxiān 형 신기하다, 새롭다 ▪ 还有 háiyǒu 접 그리고, 또한 ▪ 关门 guānmén 동 문을 닫다, 영업을 마치다 ▪ 周末 zhōumò 명 주말 ▪ 休息 xiūxi 동 휴식[휴업]하다

(2)
　　韩国有很多事情和中国差不多，也有不一样的地方：很多韩国人和中国人一样早上五六点就起床上班，也有下午上班的人。韩国人和中国人一样喜欢吃热饭热菜，但喝水喜欢喝凉水；韩国人吃饭常常是三四个人一起吃，吃完饭有时候一个人付钱，有时候AA制。如果年纪大的人和我们一起吃饭，常常年纪大的人付钱。在韩国，宾馆都要付小费，饭馆、酒吧一般不用付小费。还有韩国的商店晚上关门都很晚，也有24小时不关门的。
　　所以，我到中国以后，很快就习惯了中国的文化。

　　한국에는 중국과 비슷한 일들이 많지만, 다른 점도 있습니다. 많은 한국 사람들은 중국 사람들처럼 아침 대여섯 시에 일어나 출근하지만, 오후에 출근하는 사람들도 있습니다. 한국 사람은 중국 사람처럼 따뜻한 밥과 따뜻한 요리를 즐겨 먹지만, 물은 찬 물을 마시는 것을 좋아합니다. 한국 사람은 밥 먹을 때, 주로 서너 명이 함께 먹고, 밥을 다 먹으면 어떤 때는 한 사람이 돈을 내고, 어떤 때는 더치페이를 합니다. 연장자와 함께 밥을 먹는 경우에는 주로 연장자가 돈을 냅니다. 한국의 호텔에서는 팁을 주지만, 식당이나 술집에서는 일반적으로 팁을 주지 않습니다. 또 한국의 상점은 저녁 늦게 문을 닫고, 24시간 내내 문을 닫지 않는 곳도 있습니다.
　　그래서 나는 중국에 온 후, 중국 문화에 빨리 적응했습니다.

▪ 差不多 chàbuduō 형 비슷하다, 큰 차이가 없다 ▪ 地方 dìfang 명 부분, 점 ▪ 上班 shàngbān 동 출근하다 ▪ 凉 liáng 형 차갑다, 서늘하다 ▪ 如果 rúguǒ 접 만약 ▪ 年纪 niánjì 명 나이, 연령 ▪ 一般 yìbān 형 보통이다, 일반적이다 ▪ 所以 suǒyǐ 접 그래서 ▪ 文化 wénhuà 명 문화

02

읽기 훈련

❶ 앞, 뒤, 좌, 우. 동, 서, 남, 북.
봄, 여름, 가을, 겨울. 해, 달, 산, 물.
먹고, 마시고, 놀며, 즐기다. 눈, 귀, 손, 입.
크다, 작다, 높다, 낮다. (떠나)가다, 가다, 오다, 돌아오다.

❷ 나는 봄을 좋아하죠. 봄에는 개나리가 있어요.
그녀는 여름을 좋아하죠. 여름에는 월계화가 있어요.
당신은 가을을 좋아하죠. 가을에는 국화가 있어요.
그는 겨울을 좋아하죠. 겨울에는 눈꽃이 있어요.

실전 읽기·쓰기 연습 I

1.

(1) 东西没问题。
☑ 물건에 이상이 없습니다.　☐ 이곳은 주차장입니다.

(2) 在这儿交钱。
☐ 당신의 차를 조심하세요.　☑ 여기서는 돈을 냅니다.

(3) 注意! 有玻璃!
☐ 어서 오세요.　☑ 조심하세요! 유리가 있어요!

(4) 这条裤子又瘦又长。

☑ 이 바지는 꽉 끼고 길어요.　☐ 이 바지는 헐렁하고 짧아요.

停车场 tíngchēchǎng 몡 주차장 ▪ **注意** zhùyì 동 주의하다, 조심하다 ▪ **交** jiāo 동 건네다, 내다 ▪ **条** tiáo 양 개, 벌[강, 바지, 수건 등 가늘고 긴 것을 셀 때 쓰임] ▪ **裤子** kùzi 몡 바지 ▪ **瘦** shòu 형 (옷 등이) 타이트하다, (몸에) 꼭 끼다 ▪ **长** cháng 형 길다 ▪ **肥** féi 형 (옷 등이) 크다, 헐렁하다 ▪ **短** duǎn 형 짧다

2.

(1) (运动)鞋　운동화/신발

(2) 下雪了　눈이 왔어요. 정말 아름답네요!

(3) 合适　이 바지는 형이 입기에는 좀 짧고, 동생이 입으면 아마 맞을 겁니다.

(4) 他生气了吗　A　그가 왜 그러죠? 화가 난 건가요?
　　　　　　　　B　그럴 리가요. 그는 화내는 걸 좋아하지 않아요.

(5) 颜色　A　이런 색 옷은 당신에게 어울리지 않아요.
　　　　　B　어째서요? 저는 빨간색을 입으면 안 되나요?

鞋 xié 몡 신(발) ▪ **运动鞋** yùndòngxié 몡 운동화 ▪ **下雪** xià xuě 눈이 내리다[오다] ▪ **可能** kěnéng 튀 아마, 어쩌면 ▪ **合适** héshì 형 알맞다, 적합하다 ▪ **会** huì 조동 ~할 가능성이 있다, ~할 것이다 ▪ **爱** ài 동 ~하기를 좋아하다, 곧잘 ~하다 ▪ **种** zhǒng 양 종류, 가지 ▪ **颜色** yánsè 몡 색 ▪ **红色** hóngsè 몡 빨간색

실전 읽기·쓰기 연습 II

1.

(1) A　가지 마세요. 거기는 여자 탈의실이에요.

(2) D　저 다운재킷 정말 예쁘네요. 색도 좋고, 디자인도 좋아요.

(3) E　저는 지구가 따뜻해지는 게 병이 나는 거라고 생각해요.

(4) C　우리는 매일 몸을 단련합니다.

(5) B　패스트푸드라고 꼭 싼 것은 아니죠?

试衣间 shìyījiān 몡 탈의실[옷을 입어 보는 장소] ▪ **件** jiàn 양 벌[옷을 셀 때 쓰임] ▪ **羽绒服** yǔróngfú 몡 다운재킷(down jacket), 오리털 재킷 ▪ **好看** hǎokàn 형 보기 좋다, 아름답다 ▪ **样子** yàngzi 몡 모양, 모습 ▪ **地球** dìqiú 몡 지구 ▪ **变** biàn 동 (성질, 상태가) 변하다 ▪ **暖** nuǎn 형 따뜻하다 ▪ **生病** shēngbìng 동 병이 나다 ▪ **锻炼** duànliàn 동 단련하다 ▪ **身体** shēntǐ 몡 몸 ▪ **快餐** kuàicān 몡 패스트푸드 ▪ **不一定** bù yídìng 반드시 ~하는 것은 아니

다 • **便宜** piányi 형 (값이) 싸다

2.

(1) 어제 그 경기 보셨나요? 저는 아주 불만스러웠어요.
   B 그럭저럭 괜찮았어요.

(2) 됐어요. 옷이 벌써 이렇게 낡았잖아요. 입지 말아요.
   C 나는 이 옷을 입는 게 좋아요. 편하거든요.

(3) 이 사람이 하는 말은 좀 특별해요.
   A 재미있어서 저도 듣기 좋아해요.

(4) 내일 좀 두툼하게 입어요. 날씨가 변할 것 같아요.
   E 눈이 올까요?

(5) 팡 선생님은 댁에 계십니까?
   D 외출하셨어요. 일주일 정도 후에 돌아오십니다.

场 chǎng 양 회, 번[문예, 오락, 체육 활동 등을 셀 때 쓰임] • **特别** tèbié 부 특히, 아주 형 특별하다 • **满意** mǎnyì 형 만족하다, 만족스럽다 • **算了** suànle 됐어, 필요 없어 • **都** dōu 부 이미, 벌써 • **旧** jiù 형 낡다, 오래다 • **舒服** shūfu 형 (몸이나 마음이) 편안하다 • **变天(儿)** biàntiān(r) 동 날씨가 변하다 • **出门** chūmén 동 외출하다 • **差不多** chàbuduō 부 대강, 대체로 • **星期** xīngqī 명 주, 주일

3.

(1) 열 시쯤이면 분명 도착할 거라고 어제 이야기했었는데, 지금 벌써 열한 시예요. 그에게 무슨 일이 생긴 걸까요?
   ★ 화자는 화가 났다. (✘)

(2) 정말 쉽지 않네요. 이거야말로 내가 찾던 책이에요.
   ★ 화자는 바로 이 책을 사고 싶어 한다. (✓)

(3) 마띵, 당신이 잘못 가져간 거죠? 위의 글자가 빨간색인 이 사전은 제 거예요. 보세요, 여기 제 이름도 있잖아요.
   ★ 마띵의 사전 위 글자는 빨간색이다. (✘)

(4) 올해 날씨는 정말 특이합니다. 북방은 따뜻하고, 남방은 눈이 많이 내려요.
   ★ 올해 날씨는 정상적이지 않다. (✓)

(5) 요즘 젊은이들은 우리 젊었을 때와는 정말 달라요.
   ★ 화자는 노인이다. (✓)

左右 zuǒyòu 명 가량, 안팎 • **一定** yídìng 부 반드시, 꼭 • **容易** róngyì 형 쉽다 • **找** zhǎo 동 찾다 • **拿** ná 동 (손에) 쥐다, 가지다 • **错** cuò 형 틀리다 •

气候 qìhòu 형 기후 · 暖和 nuǎnhuo 형 따뜻하다 · 大雪 dàxuě 형 큰눈, 대설 · 正常 zhèngcháng 형 정상적이다 · 年轻人 niánqīngrén 형 젊은이 · 年轻 niánqīng 형 젊다 · 可 kě 부 [강조를 나타냄] · 位 wèi 양 분[공경의 의미를 담아 사람을 셀 때 쓰임] · 老年人 lǎoniánrén 형 노인

4.

우리나라는 눈이 오지 않습니다. 나 역시 눈 오는 게 어떤 모습인지 몰랐죠. 어제 베이징에 한바탕 큰눈이 내렸는데, 정말 재미있었습니다. 눈이 그치자 땅이 온통 하얗게 변했어요. 나무도 하얗고, 산도 하얗고, 길도 하얗고, 자동차 위도 하얀 눈으로 덮여 정말 아름다웠죠!

눈이 그치고 날씨가 조금 추워져서 거리의 사람들이 모두 두꺼운 옷을 입었습니다. 외출하는 사람들은 대부분 학생과 직장인들입니다. 다들 분주하게 등교하고, 출근합니다. 나는 방 안에 있기보다 학교 안을 좀 돌아다니고 싶습니다. 나는 눈 오는 게 좋습니다. 눈이 내린 후에 조금 차가워지는 공기가 좋고, 주변이 온통 흰 눈인 게 좋아요.

国家 guójiā 형 국가, 나라 · 地面 dìmiàn 형 지면 · 白 bái 형 희어지다 형 희다 · 树 shù 형 나무 · 路 lù 형 길 · 汽车 qìchē 형 자동차 · 冷 lěng 형 춥다 · 厚 hòu 형 두껍다, 두텁다 · 急忙 jímáng 부 황급히, 바삐 · 上学 shàngxué 형 등교하다 · 上班 shàngbān 형 출근하다 · 房间 fángjiān 형 방 · 空气 kōngqì 형 공기 · 旁边 pángbiān 형 옆(쪽), 부근

(2)
　　我们国家夏天经常下雨，我不知道中国夏天下不下雨。昨天北京下了一场大雨，真有意思啊，下雨以后世界变得很清爽：空气新鲜极了，树林碧绿碧绿的，路干干净净的，树叶上挂满晶莹的水珠，可美啦！
　　下完雨，天气有点儿凉，路上的人都穿了长袖的衣服。很多小朋友和妈妈一起出来玩儿，大家兴高采烈地照相、看树叶。我不想出去，我想在房间里听听音乐、看看书。
　　我喜欢下雨，我喜欢下雨以后的风景，我喜欢呼吸新鲜的空气。

우리나라는 여름에 비가 자주 옵니다. 나는 중국의 여름에는 비가 오는지 (마는지) 몰랐어요. 어제 베이징에 한바탕 큰비가 내렸는데, 정말 재미있었습니다. 비 온 후의 세상은 상쾌하게 변했어요. 공기는 무척 신선하고, 숲은 녹음이 짙고, 길은 깨끗하고, 나뭇잎에는 투명하게 반짝이는 물방울들이 가득 맺혀 정말 아름다웠죠!

비가 그치고 날씨가 조금 선선해져서 거리의 사람들이 모두 긴 소매 옷을 입었습니다. 많은 꼬마 친구들이 엄마와 함께 나와 놀고, 모두들 기쁘게 사진을 찍고 나뭇잎을 봅니다. 나는 밖에 나가기보다 방 안에서 음악을 좀 듣고, 책을 좀 읽고 싶습니다.

나는 비 오는 게 좋습니다. 비가 내린 후의 풍경이 좋고, 신선한 공기를 마시는 게 좋아요.

场 cháng 양 회, 차례[일의 경과, 자연 현상 등을 셀 때 쓰임] · 清爽 qīngshuǎng 형 맑고 상쾌하다 · 极了 jíle [형용사 뒤에 위치해 뜻을 강조함] · 树林 shùlín 형 숲 · 碧绿 bìlǜ 형 짙푸르다 · 干净 gānjìng 형 깨끗하다 · 挂 guà 형 (물체 표면에) 붙어 있다, 덮여 있다 · 晶莹 jīngyíng 형 투명하게 반짝이다 · 水珠 shuǐzhū 형 물방울 · 长袖 chángxiù 형 긴 소매 · 兴高采烈 xìng gāo cǎi liè 형 매우 기쁘다, 신바람이 나다 · 照相 zhàoxiàng 형 사진을 찍다 · 风景 fēngjǐng 형 풍경 · 呼吸 hūxī 형 호흡하다 · 新鲜 xīnxiān 형 신선하다, 싱싱하다

03

읽기 훈련

❶ 앞쪽에는 산이 있고, 뒤쪽에는 강이 있어요.
왼쪽에서는 사람이 산을 오르고, 오른쪽에서는 사람이 강을 건너요.
동쪽에는 해가 있고, 서쪽에는 달이 있어요.
남쪽에는 비가 내리고, 북쪽에는 눈이 내리고 있어요.
위쪽에는 형이 있고, 아래쪽에는 동생이 있어요.

❷ 많든지 적든지 친구가 있다는 건 좋은 거예요.
남자 친구, 여자 친구. 모두가 다 좋은 친구입니다.
오랜 친구, 새 친구. 두 친구 다 있어야 해요.
새 친구를 알고, 오랜 친구를 잊지 말아요. 친구가 많으면 길을 가기 좋죠.
자주 만나고, 자주 안부를 묻고, 자주 연락하고, 자주 교류해요.
옛 친구끼리 서로 잊지 않아야 우정이 영원할 수 있습니다.

실전 읽기·쓰기 연습 I

1.

(1) 节约用电。
☑ 전기를 절약합시다.　☐ 물을 절약합시다.

(2) 节约用水。
☐ 마실 수 없는 물입니다.　☑ 물을 절약합시다.

(3) 突然病了来这儿。
    ☐ 여기서 약을 살 수 있습니다.   ☑ 갑자기 아프면 여기로 오세요.

(4) 请靠右
    ☐ 외출합니다   ☑ 오른쪽으로 서세요

随手 suíshǒu 튀 ~하는 김에 • 关 guān 통 끄다 • 灯 dēng 명 등 • 突然 tūrán 튀 갑자기 • 急救中心 jíjiù zhōngxīn 명 응급센터

2.

(1) 光碟/光盘 CD

(2) 跟我喝杯茶吧 만약 기회가 되면 저랑 차 한 잔 해요.

(3) 给我打电话 거기 도착해서 내게 전화하는 거 잊지 말아요.

(4) 你全   A 중국어 책? 보면 전부 이해가 되나요?
          B 전부는 아니지만, 대체로요.

(5) 已经习惯了 A 나는 중국에 온 지 오래 되지 않지만, 벌써 적응했어요.
             B 저도 당신처럼 그랬으면 좋겠어요.

光碟 guāngdié • 光盘 guāngpán 명 CD • 机会 jīhuì 명 기회 • 全 quán 튀 전부, 완전히 • 虽然 suīrán 접 비록 ~지만 • 可是 kěshì 접 그러나

실전 읽기·쓰기 연습 II

1.

(1) D 우체국에 좀 다녀올게요. 엄마가 내게 맛있는 것을 보내 주셨어요.

(2) E 방을 치우기 위해 나는 어제 한 번도 나가지 않았습니다.

(3) B 나는 그저 감기에 좀 걸렸을 뿐이에요. 입원할 필요 없어요.

(4) A 제가 당신들의 파티에 친구를 데리고 참가해도 될까요?

(5) C 아시나요? 이제 택시 기사의 말을 제가 다 알아들을 수 있다는 걸요.

邮局 yóujú 명 우체국 • 寄 jì 통 (우편으로) 부치다 • 为了 wèile 개 ~를 위하여 • 收拾 shōushi 통 치우다, 정리하다 • 感冒 gǎnmào 명통 감기(에 걸리다)

- **需要** xūyào 동 필요로 하다 ・ **住院** zhùyuàn 동 입원하다 ・ **带** dài 동 이끌다, 데리다 ・ **参加** cānjiā 동 참가하다 ・ **晚会** wǎnhuì 명 이브닝 파티(evening party) ・ **出租车** chūzūchē 명 택시 ・ **司机** sījī 명 운전사

2.

(1) 최근 30년간 중국인의 생활에 변화가 크다고 들었어요.
　　B 맞아요. 저도 들었어요.

(2) 저 요즘 너무 바빠요. 걱정 마세요. 벌써 스무 살인 걸요.
　　E 너와 연락이 되지 않으면 난 당연히 걱정이 돼.

(3) 그의 여자 친구는 간호사인데, 예쁘기도 하고 다른 사람에게 관심을 기울일 줄도 알아요.
　　D 저도 간호사를 만나고 싶네요.

(4) 오늘 정말 무지 배고프네요.
　　C 얼른 거기 앉아서 충분히 먹어요.

(5) 제가 여권을 잃어버렸는데, 보셨나요?
　　A 못 봤어요. 조급해하지 말고, 잘 찾아봐요.

听说 tīngshuō 동 듣자니 ~라고 한다 ・ **变化** biànhuà 명 변화 ・ **最近** zuìjìn 명 최근, 요즘 ・ **担心** dānxīn 동 걱정하다 ・ **护士** hùshi 명 간호사 ・ **关心** guānxīn 동 관심을 갖다, 관심을 기울이다 ・ **饿** è 형 배고프다 ・ **坐** zuò 동 앉다 ・ **好好儿** hǎohāor 부 잘, 충분히 ・ **护照** hùzhào 명 여권 ・ **丢** diū 동 잃어버리다 ・ **急** jí 형 초조해하다, 조급하다

3.

(1) 의사 선생님, 저 많이 좋아진 것 같아요. 병원에서도 약을 먹는 것이니 집에 있는 것과 비슷하고요. 아무래도 돌아가는 게 좋겠습니다.
　　★ 화자는 퇴원하고 싶어 하지 않는다. (✘)

(2) 따밍, 내 기억이 틀릴 리 없어. 맨 처음 너를 봤을 때, 바로 이랬어.
　　★ 화자는 따밍의 모습을 잊지 못한다. (✓)

(3) 나는 중국어를 마스터하려고 중국에 왔습니다.
　　★ 화자가 중국에 온 것은 중국어를 마스터하기 위해서이다. (✓)

(4) 대사관의 파티에 친한 친구를 데려가도 되나요? 안 된다면 저는 안 가겠어요.
　　★ 화자는 대사관의 파티에 가고 싶어 하지 않는다. (✘)

(5) 마띵아, 마띵. 너 물건을 정말 잘 잃어버리는구나. 벌써 두 번이나 여권을 잃어버렸지?
　　★ 마띵은 물건을 무척 잘 잃어버린다. (✓)

• **医生** yīshēng 圀 의사 • **感觉** gǎnjué 圀 감각, 느낌 • **医院** yīyuàn 圀 병원 • **还是** háishi 囝 ~하는 편이 (더) 좋다 • **出院** chūyuàn 圄 퇴원하다 • **记** jì 圄 기억하다 • **第一次** dì yī cì 圀 제1차, 최초 • **忘不了** wàng bu liǎo 잊을 수 없다, 잊지 못하다 • **大使馆** dàshǐguǎn 圀 대사관 • **让** ràng 圄 ~하게 하다

4.

장샤오밍은 나의 친한 친구입니다. 그는 중국인이고, 내가 중국에 온 뒤에 알게 되었죠. 우리 둘은 같은 학교에서 공부합니다.

우리는 같은 취미를 많이 가지고 있습니다. 예를 들면, 우리 둘 다 (구기) 경기 관람, 운동, 음악, 공부를 좋아해요. 공부하기 위해 우리는 매일 만납니다. 그는 내게 중국어를 가르치고, 나는 그에게 영어를 가르쳐요. 우리의 이 방법은 아주 좋습니다. 그의 영어 실력이 빠르게 늘었고, 나의 중국어 실력도 빨리 늘었어요. 우리 둘은 방학하면 함께 여행 가기로 했습니다. 나는 그의 집에도 가 볼 거예요. 나는 보통 중국인들이 어떻게 생활하는지 무척 알고 싶습니다.

好多 hǎoduō 囝 아주 많다 • **爱好** àihào 圀 취미 • **比如** bǐrú 圄 예를 들다 • **天天** tiāntiān 囝 매일 • **教** jiāo 圄 가르치다 • **办法** bànfǎ 圀 방법 • **进步** jìnbù 圄 진보 • **说好** shuōhǎo 圄 (어떻게 하기로) 구두로 결정하다, 약속하다 • **放假** fàngjià 圄 방학하다, 휴가로 쉬다 • **旅游** lǚyóu 圄 여행하다 • **普通** pǔtōng 囫 보통이다, 일반적이다 • **什么样** shénmeyàng 떼 어떠한

(2)
　　金小美是我的好朋友。她是韩国人，我在大学认识的，我们两个在一个学校学习。
　　我们有好多一样的爱好，比如，我们都喜欢看电影，我们都喜欢出去旅游，我们都喜欢运动，我们都喜欢学习。为了运动，我们天天见面——她教我网球，我教她羽毛球。我们这个办法特别好，她的羽毛球进步很快，我的网球进步也很快。我们两个说好了，放假以后，我们要一起去中国旅游，我们还要去内蒙古看看。我特别想知道内蒙古的沙漠什么样。

김소미는 나의 친한 친구입니다. 그녀는 한국인이고, 대학에서 알게 되었죠. 우리 둘은 같은 학교에서 공부합니다.

우리는 같은 취미를 많이 가지고 있습니다. 예를 들면, 우리 둘 다 영화 관람, 여행 다니기, 운동, 공부를 좋아해요. 운동하기 위해 우리는 매일 만납니다. 그녀는 내게 테니스를 가르치고, 나는 그녀에게 배드민턴을 가르쳐요. 우리의 이 방법은 아주 좋습니다. 그녀의 배드민턴 실력이 빨리 늘었고, 나의 테니스 실력도 빨리 늘었어요. 우리 둘은 방학하면 함께 중국에 여행 가기로 했습니다. 우리는 네이멍구에도 가 볼 거예요. 나는 네이멍구의 사막이 어떤 모습인지 무척 알고 싶습니다.

• **网球** wǎngqiú 圀 테니스 • **羽毛球** yǔmáoqiú 圀 배드민턴 • **内蒙古** Nèiměnggǔ 고유 네이멍구 자치구 • **沙漠** shāmò 圀 사막

04

읽기 훈련

1 환영합니다. 환영해요.
들어오세요. 앉으세요. 차를 드세요.
죄송합니다. 폐를 끼쳤습니다.
미안합니다. 당신들을 방해했군요.
괜찮아요. 천만에요.

2 안심하세요. 괜찮습니다. 번거로운 일이 생기면 경찰을 찾아요.
문제없어요. 어서 갑시다. 같이 가요. 함께 가요.
서두르지 마세요. 방법이 있어요. 전화를 걸어서 그에게 물어보세요.

3 청개구리 한 마리는 입이 하나, 눈이 둘, 다리가 넷입니다.
청개구리 두 마리는 입이 둘, 눈이 넷, 다리가 여덟입니다.
청개구리 세 마리는 입이 셋, 눈이 여섯, 다리가 열 둘입니다.
……
청개구리 아홉 마리는 입이 아홉, 눈이 열 여덟, 다리는 몇 개일까요?

실전 읽기·쓰기 연습 I

1.

(1) 注意您的重要东西。
　　☑ 당신의 중요한 물건을 주의하세요.　　☐ 당신도 음악 듣는 걸 좋아합니까?

(2) 别去河边!
　　☐ 경찰이 왔습니다!　　☑ 강가에 가지 마세요!

(3) 又唱又跳
　　☐ 아직 집에 안 갔어요?　　☑ 노래하고 춤을 춥니다

(4) 做作业
　　☑ 숙제를 합니다　　☐ 안전에 주의하세요!

携带 xiédài 동 휴대하다 · 贵重 guìzhòng 형 귀중하다 · 重要 zhòngyào 형 중요하다 · 唱 chàng 동 노래하다 · 作业 zuòyè 명 숙제

2.

(1) 睡觉　잠자다

(2) 运动　주말에도 운동을 할 수 없으니 정말 재미없어요!

(3) 下午3点　어제 오후 세 시에 우리는 길에 있었습니다.

(4) 知道　A 당신은 중국인의 생활 습관을 알고 있습니까?
　　　　　B 중국인들은 운동을 좋아하죠? 매일 아침마다 공원에서 많은 사람들이 운동을 하더군요.

(5) 能帮你　A 마따밍, 내가 (몸이) 좀 안 좋은데 좀 도와줄래요?
　　　　　　B 제가 도울 수 있어요.

睡觉 shuìjiào 동 잠자다 · 习惯 xíguàn 명 습관, 버릇 · 公园 gōngyuán 명 공원 · 帮 bāng 동 돕다

실전 읽기·쓰기 연습 II

1.

(1) C　곧 시험인데, 너는 아직 공을 치고 있는 거야?

(2) A　곧 크리스마스입니다.

(3) D　놀러 온 사람이 그렇게 많을지 생각 못했어요!

(4) E　우리는 걸으면서 이야기를 나눕니다.

(5) B　나는 이번 방학에 다른 지역으로 여행을 가려고 합니다.

- **快** kuài 〔부〕 곧, 머지않아[종종 뒤에 '了'가 와서 호응해 쓰임] · **考试** kǎoshì 〔명〕〔동〕 시험(을 치다) · **马上** mǎshàng 〔부〕 곧, 즉시 · **就要** jiùyào 〔부〕 곧, 머지않아[종종 뒤에 '了'가 와서 호응해 쓰임] · **过** guò 〔동〕 (시점을) 지나다, 보내다 · **圣诞节** Shèngdànjié 〔고유〕 크리스마스 · **没想到** méi xiǎngdào 생각지 못하다 · **一边……一边……** yìbiān……yìbiān…… ~하면서 ~하다 · **聊天(儿)** liáotiān(r) 〔동〕 한담하다, 이야기를 나누다 · **打算** dǎsuan 〔동〕 ~하려고 하다, 계획하다 · **外地** wàidì 〔명〕 외지 · **旅行** lǚxíng 〔동〕 여행하다

2.

(1) 노래하는 게 재미없다고 느껴진다면 우리 춤추러 가요.
　　D 춤추는 게 더 재미없는 걸요.

(2) 날씨가 좋지 않군요. 제가 보기에는 눈이 올 것 같아요.
　　C 저도 그렇게 생각해요.

(3) 앞으로 어떤 일을 할 계획인가요?
　　A 회사에 가겠죠.

(4) 우리 호숫가 벤치에 잠깐 앉아요.
　　B 좋아요. 저도 좀 쉬고 싶네요.

(5) 당신은 주말에 보통 무엇을 하십니까?
　　E 방을 치우고, 옷을 빨고, 영화를 보고, 친구와 차를 마시고, 이야기도 좀 나눠요.

- **要是** yàoshi 〔접〕 만일 ~라면 · **觉得** juéde 〔동〕 느끼다, 생각하다 · **咱们** zánmen 〔대〕 우리 · **跳舞** tiàowǔ 〔동〕 춤을 추다 · **更** gèng 〔부〕 더(욱) · **天气** tiānqì 〔명〕 날씨 · **上** shàng 〔동〕 (어떤 곳으로) 가다 · **湖边** húbiān 〔명〕 호숫가 · **椅子** yǐzi 〔명〕 의자 · **会儿** huìr 〔양〕 [짧은 시간을 나타냄] · **一般** yìbān 〔형〕 보통이다, 일반적이다 · **干** gàn 〔동〕 (일을) 하다 · **洗** xǐ 〔동〕 씻다, 빨다

3.

(1) 그들은 식사하면서 이야기를 나눕니다.
　　★ 그들은 함께 식사를 하면 이야기를 나눈다. (✗)

(2) 리 선생님이 어떤 생각이신 거죠? 저는 잘 모르겠습니다.
　　★ 화자는 리 선생님의 생각을 이해하지 못한다. (✓)

(3) 파티가 곧 시작하는데, 당신은 어디 있나요? 모두들 당신을 기다리고 있어요.
　　★ 화자는 조금 초조해한다. (✓)

(4) 당신은 사람이 너무 진지해요. 이렇게 진지하니 얼마나 피곤해.
　　★ 화자는 이렇게 진지해서는 안 된다고 생각한다. (✓)

(5) 내가 저녁을 먹자마자 마띵이 내게 전화해 함께 산책하러 가자고 했습니다.
　　★ 마띵은 화자의 방으로 왔다. (✗)

意思 yìsi 몡 의사, 생각 • **清楚** qīngchu 혱 이해하다, 알다 • **了解** liǎojiě 동 이해하다, (자세하게) 잘 알다 • **开始** kāishǐ 동 시작하다 • **认真** rènzhēn 혱 진지하다 • **多** duō 팀 얼마나[감탄문에 쓰여 정도가 매우 높음을 나타냄] • **认为** rènwéi 동 여기다, 생각하다 • **应该** yīnggāi 조동 ~해야 한다 • **刚** gāng 팀 방금, 막 • **散步** sànbù 동 산책하다

4.

우리 학교 옆에는 작은 공원이 하나 있습니다. 공원 안에는 호수가 하나 있고, 호숫가에는 많은 나무와 작은 산, 잔디밭이 있어요. 호숫가는 공기가 좋아서 매일 많은 사람들이 그 곳으로 갑니다. 특히 아침에요.
　중국 사람들은 일찍 자고 일찍 일어나는 습관이 있어서 매일 아침 대여섯 시면 호숫가에 사람들이 나타납니다. 물론 젊은이들은 출근을 해야 하니 주로 노인들이 오시죠. 어떤 사람은 산책을 하고, 어떤 사람은 태극권을 하고, 어떤 사람은 노래를 하고, 어떤 사람은 춤을 춥니다. 그들은 노래하는 것이나 춤추는 것도 신체 단련이라고 말합니다. 특히 재미있는 것은 많은 노인들이 라디오를 가지고 다니는 걸 좋아한다는 것입니다. 그들은 운동하면서 뉴스를 듣죠. 중국인들은 지구상의 모든 일에 관심을 갖는 것 같아요. 대략 열 시쯤이면 운동하던 노인들이 떠나는데, 장을 보러 갔다가 점심 식사를 준비해야 한다고 합니다.

草地 cǎodì 몡 풀밭, 잔디밭 • **早睡早起** zǎo shuì zǎo qǐ 일찍 자고 일찍 일어나다 • **点钟** diǎnzhōng 몡 시(時) • **大部分** dàbùfen 몡 대부분 • **打太极拳** dǎ tàijíquán 태극권을 하다 • **带** dài 동 지니다, 휴대하다 • **收音机** shōuyīnjī 몡 라디오 • **新闻** xīnwén 몡 뉴스 • **件** jiàn 양 건[사건, 일 등을 셀 때 쓰임] • **买菜** mǎicài 장을 보다 • **中午饭** zhōngwǔfàn 몡 점심밥

(2)
　我们家后边有一座山，山上有很多树，山顶上有运动设施，还有很多鸟。山上的空气很好，每天到那儿去爬山的人很多，特别是早上五六点左右。
　韩国人习惯早睡早起，每天早上五六点钟，山上就有人了，当然，年轻人要早点上班，来的大部分是老年人和中年人。他们有的看书，有的散步，有的打羽毛球，有的唱歌。他们说爬山是锻炼身体的最好方法。特别有意思的是，很多老年人喜欢喝山上的水，他们说山上的水比自来水更干净好喝。我觉得韩国人非常关心自己的健康。差不多七点钟，锻炼身体的老年人和中年人就走了，他们有的去工作，有的回去做家务。

　우리 집 뒤에는 산이 하나 있습니다. 산에는 나무가 많고, 산 정상에 운동 시설이 있고, 새도 많습니다. 산 공기가 좋으니 매일 그곳에 등산하러 가는 사람이 많습니다. 특히 아침 대여섯 시 정도에요.
　한국 사람들은 일찍 자고 일찍 일어나는 습관이 있어서 매일 아침 대여섯 시면 산에 사람들이 나타납니다. 물론 젊은이들은 일찍 출근해야 하니 주로 노인이나 중년들이 오시죠. 어떤 사람은 책을 보고, 어떤 사람은 산책을 하고, 어떤 사람은 배드민턴을 치고, 어떤 사람은 노래를 합니다. 그들은 등산이 가장 좋은 신체 단련 방법이라고 말합니다. 특히 재미있는 것은 많은 노인들이 산 속의 물을 마시기 좋아한다는 것입니다. 그들은 산 속의 물이 수돗물보다 훨씬 깨끗하고 맛있다고 합니다. 한국인들은 자신의 건강에 무척 관심이 많은 것 같아요. 대략 일곱 시쯤이면 운동하던 노인과 중년들이 떠나는데, 일하러 가거나 집으로 돌아가 집안일을 합니다.

山顶 shāndǐng 몡 산 정상 • **设施** shèshī 몡 시설 • **鸟** niǎo 몡 새 • **自来水** zìláishuǐ 몡 수돗물 • **健康** jiànkāng 몡 건강 • **家务** jiāwù 몡 집안일

05

읽기 훈련

1 당신은 뭐 하러 갑니까? 나는 수업에 갑니다.
그는 뭐 하러 갑니까? 그는 물건을 사러 갑니다.
그녀는 어디로 갑니까? 그녀는 도서관에 갑니다.
당신은 어디에서 왔습니까? 나는 기숙사에서 왔습니다.
당신은 어느 곳으로 갑니까? 나는 교실로 갑니다.

2 컴퓨터를 켜고, 인터넷에 접속해 채팅을 하고, 메일을 보내고, 친구에게 안부를 물어요.
역에 들어가 표를 사고, 차에 타서 카드 결제하고, 장을 보러 가고, 집에 돌아가 밥을 지어요.
쉬고, 텔레비전을 보고, 준비를 하고, 내일 출발해요.
집으로 돌아와 정리하고, 나가서 여행하니 수확이 커요.

3 (하나의 문장을 정확한 발음으로 점점 빠르게 반복해 읽으면서 암기하세요.)
옛날에 산이 하나 있었어요. 산 속에는 절이 하나 있었고, 절의 스님 한 분이 이야기를 들려줬는데, 무슨 이야기였을까요? 옛날에 산이 하나 있었어요. 산 속에는 절이 하나 있었고, 절의 스님 한 분이 이야기를 들려줬는데, 무슨 이야기였을까요? 옛날에 산이 하나 있었어요. 산 속에는 절이 하나 있었고, 절의 스님 한 분이 이야기를 들려줬는데, 무슨 이야기였을까요?

실전 읽기·쓰기 연습 I

1.
(1) 可以回收的东西

☑ 재활용 가능한 것   ☐ 재활용 불가능한 것

(2) 不能回收的东西
　　☐ 다 쓴 건전지   ☑ 재활용 불가능한 것

(3) 喝水好还是喝饮料好?
　　☐ 이 포도주 한 병은 얼마입니까?   ☑ 물을 마시면 좋을까 아니면 음료를 마시면 좋을까?

(4) 公共汽车
　　☑ 버스   ☐ 나의 자동차

垃圾 lājī 명 쓰레기 • 瓶 píng 양 병[병을 셀 때 쓰임] • 葡萄酒 pútáojiǔ 명 포도주 • 还是 háishi 접 아니면 • 饮料 yǐnliào 명 음료 • 公共汽车 gōnggòng qìchē 명 버스

2.

(1) 火车　기차

(2) 怎么样　당신은 수영 실력이 어떤가요?

(3) 坐火车　어제는 기차를 타고 여덟 시 남짓에 만리장성에 도착했습니다.

(4) 了解　A 당신은 태극권에 대해 어떻게 그렇게 잘 알고 있나요?
　　　　　B 책을 보면서 천천히 이해했어요.

(5) 有事　A 다른 사람들이 모두 당신이 귀국했다고 했는데, 알고 보니 가지 않았군요.
　　　　　B 처음에는 돌아가려고 했었는데, 나중에 일이 생겨서 안 갔어요.

游泳 yóuyǒng 동 수영하다 • 得 de 조 [동사나 형용사 뒤에 쓰여 결과나 정도를 나타내는 보어와 연결함] • 多 duō 수 (수량사 뒤에 쓰여) ~여[남짓] • 对 duì 개 ~에 대해 • 通过 tōngguò 개 ~를 통해 • 回国 huí guó 귀국하다 • 原来 yuánlái 부 알고 보니 • 开始 kāishǐ 명 처음, 시작(의 단계) • 后来 hòulái 명 그 후, 그 뒤

실전 읽기·쓰기 연습 II

1.

(1) D 알고 보니 당신은 아침도 중국식으로 먹는군요!

(2) B 나는 이번 학기에 우리 반에서 무척 즐겁게 지낸 것 같습니다.

(3) E 나는 어릴 때 아빠가 해 주시는 이야기를 듣기 좋아했습니다.

(4) A 우리가 있는 이곳은 그 유명한 공원에서 얼마나 먼가요?

(5) C 저는 주원원이 춤을 그렇게 잘 추는지 어제 파티에서야 알았어요.

早饭 zǎofàn 명 아침밥 · 中餐 zhōngcān 명 중국 음식 · 学期 xuéqī 명 학기 · 愉快 yúkuài 형 기쁘다, 유쾌하다 · 离 lí 개 ~에서, ~로부터 · 有名 yǒumíng 형 유명하다 · 多 duō 부 얼마나[의문문에 쓰여 정도를 나타냄] · 远 yuǎn 형 (거리 또는 시간상) 멀다

2.

(1) 버스를 타려면 모두 카드로 결제해야 하나요?
   E 카드가 없으면 표를 사도 돼요. 그렇지만 카드로 결제하는 게 싸죠.

(2) 이렇게 늦었는데, 그는 아마 오지 않겠죠?
   D 그럴 리가요. 어제 저녁에 우리가 전화했을 때도 온다고 한 걸요.

(3) 요리하기 좋아하세요?
   A 일이 없을 때는 그런대로 괜찮은데, 바쁠 때는 하기 싫어요.

(4) 너희들의 공연은 정말 좋았어!
   B 그래? 3반이 더 잘했지?

(5) 시험이 끝나니 홀가분하네.
   C 나도 빨리 시험이 끝났으면 좋겠다.

坐 zuò 동 타다 · 得 děi 조동 ~해야 한다 · 行 xíng 동 (~해도) 좋다, 된다 · 但是 dànshì 접 그러나 · 还 hái 부 여전히, 그런대로 · 演 yǎn 동 공연하다, 연기하다 · 轻松 qīngsōng 형 (기분이) 홀가분하다 · 希望 xīwàng 동 희망하다, 바라다

3.

(1) 이번 학기 동안의 배움을 통해 우리의 중국어 실력이 적잖이 발전했습니다.
   ★ 이번 학기에 우리의 중국어는 많이 발전했다. (✓)

(2) 지식이 풍부하고 열심히 하는 선생님을 학생들은 제일 좋아합니다.
   ★ 학생들은 모든 선생님을 좋아한다. (✗)

(3) 어제 우리는 시산공원에 갔는데, 경치가 정말 좋아 다들 돌아오고 싶어 하지 않았습니다.
   ★ 우리는 어제 시산공원에 묵었다. (✗)

(4) 나는 매달 5천여 위앤을 써야 합니다.
   ★ 매달 5천 위앤의 돈은 화자가 쓰기에 부족하다. (✓)

(5) 카드를 쓰는 게 훨씬 편리하지만, 카드를 잃어버리면 번거롭습니다.
★ 카드는 절대 잃어버리면 안 된다. (✓)

进步 jìnbù 동 진보(하다) • 不少 bùshǎo 형 적지 않다, 많다 • 知识 zhīshi 명 지식 • 丰富 fēngfù 형 풍부하다, 많다 • 认真 rènzhēn 형 성실하다 • 住 zhù 동 숙박하다, 머무르다 • 花 huā 동 쓰다, 소비하다 • 千 qiān ㈜ 천(1,000) • 不够 búgòu 동 (정도가 요구에) 모자라다, 부족하다 • 方便 fāngbiàn 형 편리하다 • 麻烦 máfan 형 귀찮다, 번거롭다

4.

이번 학기가 곧 끝납니다. 다같이 주말에 파티를 열기로 약속했어요.
우리 반 남학생들은 모두 요리하기를 좋아합니다. 그들은 중국에서 중국 음식 만드는 걸 배웠어요. 만두 빚기나 중국 요리하기 모두 문제없죠. 그래서 식사 준비는 그들에게 맡겼습니다. 우리 여학생들은 물건을 준비하고, 과일을 사고, 음료를 사고, 또 약간의 포도주를 사야 합니다. 맥주를 좋아하는 사람도 있죠.
파티에는 당연히 공연 프로그램도 있습니다. 어제부터 신청자가 있어요. 노래 부를 사람, 춤출 사람, 태극권 공연을 할 사람, 또 이야기를 들려주고 싶어 하는 사람이 있어서 프로그램이 정말 풍부하답니다!
나는 어떤 프로그램을 공연할지 아직 정하지 못했는데, 중국어로 하는 프로그램을 공연하고 싶습니다. 다들 알아듣는지 한번 보려고요.

结束 jiéshù 동 끝나다, 마치다 • 开 kāi 동 (파티, 회의 등을) 열다, 개최하다 • 学会 xuéhuì 동 습득하다, 배워서 할 수 있(게 되)다 • 交给 jiāogěi 동 (~에게) 맡기다 • 啤酒 píjiǔ 명 맥주 • 表演 biǎoyǎn 동 공연(하다) • 节目 jiémù 명 프로그램 • 报名 bàomíng 동 신청하다, 등록하다

(2)
这个暑假快要开始了，大家说好周末一起去郊游。
我们班的男同学都喜欢做饭，他们在韩国学会了做韩餐。做饭、做韩国菜都没问题，所以准备盒饭的问题就交给他们了。我们女同学要准备很多东西，买饼干，买饮料，还得买点儿啤酒，米酒也有人喜欢。
郊游时，当然少不了各种游戏了。从昨天开始金小美就准备主持游戏了，踢球、捉迷藏、丢手绢儿、探宝游戏，还有人建议比赛唱歌，节目真丰富啊!
我打算参加唱歌比赛，我唱什么歌呢？还没想好，我想唱一首中国歌，看看大家能不能听懂。

이번 여름 방학이 곧 시작됩니다. 다같이 주말에 함께 소풍 가기로 약속했어요.
우리 반 남학생들은 모두 요리하기를 좋아합니다. 그들은 한국에서 한국 음식 만드는 걸 배웠어요. 밥 하기와 한국 요리하기 모두 문제없죠. 그래서 도시락 준비 문제는 그들에게 맡겼습니다. 우리 여학생들은 여러 가지 물건을 준비하고, 과자를 사고, 음료를 사고, 또 약간의 맥주를 사야 합니다. 막걸리를 좋아하는 사람도 있죠.
소풍에는 당연히 게임이 빠질 수 없죠. 어제부터 김소미가 게임 진행 준비를 시작했습니다. 축구, 숨바꼭질, 수건 돌리기, 보물찾기, 또 노래자랑을 하자는 사람도 있어 프로그램이 정말 풍부하답니다!
나는 노래자랑에 참가하려고 합니다. 어떤 노래를 부를지 아직 정하지 못했는데, 중국 노래를 부르고 싶습니다. 다들 알아듣는지 한번 보려고요.

暑假 shǔjià 명 여름 방학[휴가] • 郊游 jiāoyóu 동 교외로 소풍 가다 • 韩餐 háncān 명 한국 음식 • 盒饭 héfàn 명 도시락 • 饼干 bǐnggān 명 과자, 비스킷 • 米酒 mǐjiǔ 명 막걸리 • 少不了 shǎo bu liǎo 없어서는 안 된다, 빼놓을 수 없다 • 各种 gèzhǒng 형 각종의, 여러 가지의 • 游戏 yóuxì 명 게임 • 主持 zhǔchí 동 주관하다, 사회를 보다 • 捉迷藏 zhuōmícáng 명 숨바꼭질 • 丢手绢儿 diū shǒujuànr 명 수건 돌리기 • 探宝 tànbǎo 명 보물을 찾다 • 建议 jiànyì 동 건의하다 • 首 shǒu 양 수[시, 노래 등을 셀 때 쓰임]

읽기 훈련

❶ 배우면 바로 할 수 있습니다. 보면 바로 압니다.

❷ 쉬운 것은 배우면 바로 할 수 있습니다. 간단한 것은 보면 바로 압니다.
물어보면 압니다. 보면 이해합니다.
이해하지 못하는 것은 물어보면 압니다.
모르는 것은 보면 이해합니다.

❸ 당신을 중국으로 보내며 드릴 말씀이 몇 마디 있어요.
나의 정을 기억하고, 나의 사랑을 기억하고, 내가 기다리고 있음을 기억하세요.
열심히 중국어를 배우고, 마음 편히 중국어를 배워요. 당신이 돌아와 중국어를 가르치기를 기다릴게요.

실전 읽기·쓰기 연습

1.

　수십 년 전, 중국은 자전거 대국이었고, 자전거는 중국인의 생활에서 매우 중요했습니다. 어른들은 자전거를 타고 출퇴근하고, 아이들은 자전거를 타고 등하교했죠. 그때, 사람들의 생활은 자전거와 거의 떼놓을 수 없었습니다. 어떤 사람들은 집에 자전거를 두세 대씩 갖고 있었어요. 오늘날에는 중국 경제가 발전하면서 자동차를 운전하는 사람이 많아지고, 자전거를 타는 사람은 적어졌습니다. 자동차를 수리하는 사람은 늘고, 자전거를 수리하는 사람은 줄었죠. 자동차가 늘자 제멋대로 주차하는 경우도 늘었습니다. 어떤 때는 주차 금지 구역에 주차하는 사람도 있고, 또 어떤 때는 소방 도로에 주차하기도 합니다.

(1) 예전에 중국에는:

　　A 자동차가 많았다

　　B 자전거가 많았다

　　C 집집마다 자전거가 두 대씩 있었다

(2) 지금 중국에서는:

　　A 자동차를 수리하는 게 어렵다

　　B 자전거를 수리하는 사람이 없다

　　C 일부 사람들이 제멋대로 주차한다

(3) 소방 도로에는:

　　A 주차할 수 없다

　　B 자동차를 세울 수 있다

　　C 자전거를 세울 수 있다

大国 dàguó 명 대국 · **大人** dàren 명 성인, 어른 · **下班** xiàbān 동 퇴근하다 · **骑** qí 동 (자전거, 말 등에) 타다 · **放学** fàngxué 동 학교가 파하다 · **几乎** jīhū 부 거의 · **离不开** lí bu kāi 떨어질 수 없다, 떨어지지 못하다 · **辆** liàng 양 대[자전거, 자동차 등을 셀 때 쓰임] · **经济** jīngjì 명 경제 · **发展** fāzhǎn 동 발전하다 · **开** kāi 동 (자동차 등을) 운전하다 · **乱** luàn 부 제멋대로, 함부로, 마구 · **难** nán 형 어렵다

2.

(1) 우리를 이렇게 많이 도와주셔서 제가 뭐라 말씀 드려야 좋을지 모르겠네요.

　　D 무슨 말씀을요. 우리는 이웃인데, 당연한 거죠.

(2) 그는 매번 음악을 들으면서 숙제를 합니다.

　　E 조금도 이상할 것 없어요. 많은 학생들이 다 그래요.

(3) 그를 만나거든 내가 안부를 묻더라고 말해 주세요.

　　C 안심하세요. 꼭 말씀 전할게요.

(4) 그는 오늘 일이 있어 올 수 없다고 했습니다.

　　B 제 생각에 그는 일이 있어서 올 수 없는 게 아니라 오고 싶지 않은 거예요.

(5) 서두르세요. 우리 모두 당신을 기다리고 있잖아요.

　　A 미안합니다. 제가 또 늦게 왔군요.

帮忙 bāngmáng 동 일을 돕다 · **客气** kèqi 형 예의 바르다, 겸손하다 · **邻居** línjū 명 이웃 · **奇怪** qíguài 형 이상하다 · **问好** wènhǎo 동 안부를 묻다 · **一定** yídìng 부 반드시, 꼭 · **把** bǎ 개 ~를 · **带话** dàihuà 동 전언하다, 말을 전하다 · **……不了** ……bu liǎo ~할 수 없다[동사 뒤에 붙어 동작을 다 완료할 수 없음을 나타냄] · **不是 A，而是 B** búshì A, érshì B A가 아니라 B이다

3.

(1) A，C，B。

A 为了每天早上起床，C 我买了两个闹钟，B 可是有些时候还是起不来。

매일 아침에 일어나기 위해서 나는 자명종 두 개를 샀습니다. 하지만 여전히 못 일어날 때가 있습니다.

(2) B，A，C。

B 昨天丢了一把雨伞，A 今天手机找不着了，C 接下来还会丢什么呢。

어제는 우산을 하나 잃어버렸는데 오늘은 휴대전화를 찾을 수 없네요. 다음에는 또 무엇을 잃어버릴까요.

(3) B，C，A。

B 他的门开着呢，C 电视也开着，A 人却不在房间里。

그의 (방) 문이 열려 있어요. 텔레비전도 켜져 있고요. 그런데 사람은 방 안에 없습니다.

(4) C，B，A。

C 下面这段话是写给你的吧，B 告诉你要入乡随俗，A 不要天天迟到。

다음의 이 말은 당신에게 쓴 말인 것 같군요. 로마에 가면 로마법을 따라야죠. 매일 지각하지 마세요.

(5) A，B，C。

A 语言是一种习惯，B 有些时候没有那么多为什么，C 学习语言就是学习一种习惯。

언어는 일종의 습관입니다. 어떤 때는 그렇게 많은 이유가 없습니다. 언어를 배우는 것은 곧 일종의 습관을 배우는 거예요.

闹钟 nàozhōng 명 자명종 · **还是** háishi 부 여전히, 아직도 · **起不来** qǐ bu lái (잠자리에서) 일어날 수 없다 · **把** bǎ 양 자루[우산, 열쇠 등 손잡이나 자루가 있는 것을 셀 때 쓰임] · **雨伞** yǔsǎn 명 우산 · **找不着** zhǎo bu zháo 찾을 수 없다 · **接下来** jiēxiàlái 다음으로 · **却** què 부 오히려, 그러나 · **告诉** gàosu 동 알리다, 말하다 · **入乡随俗** rù xiāng suí sú 성 그 고장에 가면 그 고장 풍속을 따라야 한다, 로마에 가면 로마법을 따라야 한다 · **迟到** chídào 동 지각하다 · **语言** yǔyán 명 언어

4.

성어 '既来之，则安之'는 「논어」 속 한 구절입니다. 그 의미는 '기왕 여기에 온 바에 마음을 편하게 가져야 한다.'입니다. 하지만 이 말은 다음과 같이 이해할 수도 있지 않을까 싶습니다. 누군가 별로 익숙하지 않은 새로운 환경에서 뜻하지 않은 일이나 어려움을 만날 때, 우리는 '既来之，则安之'라는 말로 꼭 끝까지 버텨내라고 격려할 수 있습니다. 버텨내면 적응하게 되고, 어려움도 극복할 수 있고, 성공할 수 있기 때문입니다.

▪ 成语 chéngyǔ 图 성어 ▪ 论语 Lúnyǔ 고유 논어 ▪ 既然 jìrán 접 (기왕) ~인 이상, ~된 바에야 ▪ 理解 lǐjiě 图 이해하다 ▪ 适应 shìyìng 图 적응하다 ▪ 环境 huánjìng 图 환경 ▪ 遇到 yùdào 만나다, 부닥치다 ▪ 如意 rúyì 图 뜻대로 되다 ▪ 困难 kùnnan 图 어려움, 곤란 ▪ 鼓励 gǔlì 图 격려하다 ▪ 坚持 jiānchí 图 견지하다, 지속하다 ▪ 最后 zuìhòu 图 최후, 끝 ▪ 克服 kèfú 图 극복하다 ▪ 可能 kěnéng 图 가능성 ▪ 成功 chénggōng 图图 성공(하다)

既来之，则安之

　　成语"既来之，则安之"告诉我们要积极地去适应环境，遇到不如意的事情，遇到困难时，要勇敢地面对困难，努力坚持下去，克服困难，获得成功。

　　刚上初中时，我第一次离开家，住在学校宿舍里，一个月才能回一次家，因为我不适应宿舍生活，每天想家，还常常哭。后来老师鼓励我，她对我说：既然你来这儿上学，就应该努力适应宿舍生活，好好儿学习。后来我听了老师的话，渐渐地适应了宿舍生活，成绩也越来越好了。以后每次遇到不如意的事，我都想起这句话。

既来之，则安之

　　성어 '既来之，则安之'는 우리가 적극적으로 환경에 적응하고, 뜻하지 않은 일이나 어려움을 만날 때 용감하게 어려움에 직면하고 열심히 유지해 나가면 어려움을 극복하고 성공을 거둘 수 있음을 말해 줍니다.

　　중학교에 막 입학했을 때, 나는 처음 집을 떠나 학교 기숙사에 살게 되었고, 한 달에 한 번만 집에 돌아갈 수 있었습니다. 기숙사 생활에 적응하지 못해서 매일 집을 그리워했고, 종종 울기도 했지요. 후에 선생님께서 "기왕 네가 이곳에 와서 학교를 다니게 된 이상 기숙사 생활에 적응하려 노력하고, 열심히 공부해야지."라고 말씀하시며 나를 격려해 주셨습니다. 나중에 나는 선생님의 말씀을 듣고 차츰 기숙사 생활에 적응하게 되었고, 성적도 점점 좋아졌습니다. 그 후로 뜻하지 않은 일을 만날 때마다 나는 항상 이 말을 떠올립니다.

▪ 积极 jījí 图 적극적이다 ▪ 勇敢 yǒnggǎn 图 용감하다 ▪ 面对 miànduì 图 직면하다 ▪ 努力 nǔlì 图 노력하다, 힘쓰다 ▪ 获得 huòdé 图 얻다, 획득하다 ▪ 初中 chūzhōng 图 중학교 ▪ 离开 líkāi 图 떠나다 ▪ 哭 kū 图 울다 ▪ 渐渐 jiànjiàn 图 점점 ▪ 成绩 chéngjì 图 성적 ▪ 越来越…… yuè lái yuè…… 점점 ~해지다 ▪ 想起 xiǎngqǐ 图 떠올리다

07

읽기 훈련

❶ 세계 각국, 각국의 사람들.
사람들은 우호적이에요. 서로 사이 좋게 지냅니다.
서로 즐겁게 지내고, 즐겁게 공부합니다.
중국어를 배워요. 중국어는 배우기 쉽습니다.

❷ 중국어를 마스터해서 천하를 두루 다녀요.
형제, 자매. 온 세상이 한 가족입니다.
사람의 느낌과 생각은 다 같죠.
로마에 가면 로마법을 따르고, 폭넓게 친구를 사귑니다.

❸ 우리의 동지가 어려움에 처해 있을 때는 성과를 보고, 밝은 빛을 보고, 우리의 용기를 드높여야 합니다.

실전 읽기·쓰기 연습

1.

'自助'란 글자 그대로 자신이 자신을 돕는 것입니다. 남의 도움은 필요 없죠. '自助银行服务(자가 은행 서비스)'는 은행의 ATM에서 스스로 입출금 등을 하는 것입니다. 우리가 또 자주 이야기하는 것으로 '自助餐(뷔페)' '自助餐厅(뷔페 식당)' '自助游(자유 여행)'가 있습니다. 여기서 '游'는 물론 '수영'이 아니라 '여행'이죠. 만약 단체 여행을 좋아하지 않는다면 자유 여행을 가십시오.

우리 주변에는 또 24시간 영업하는 슈퍼마켓, 편의점들이 있습니다. 일주일 내내, 하루 24시간 문을 닫지 않아 정말 우리에게 편리함을 가져다 줍니다. 어떤 곳은 주문 전화까지 받아서 물건을 집까지 배달해 주기도 합니다.

(1) 당신은 '自助' 방식으로 무엇을 해 봤습니까?

我经常用银行的ATM机取钱。 나는 자주 은행 ATM에서 돈을 찾습니다.

(2) 당신은 어떤 장소들이 24시간 영업하는 것을 봤습니까?

我去过24小时营业的咖啡厅。 나는 24시간 영업하는 커피숍에 가 봤습니다.

(3) 당신은 물건을 '(전화로) 주문'해 봤습니까? 편리했나요?

我从电视购物上买过一台笔记本电脑，非常方便。
나는 TV 홈쇼핑에서 노트북을 사 봤는데 매우 편리했습니다.

自助 zìzhù 图 스스로 돕다 · 顾名思义 gù míng sī yì 图 글자 그대로 · ATM机 ATM jī 图 ATM, 현금자동입출금기 · 存钱 cúnqián 图 저금하다 · 取钱 qǔqián 图 돈을 찾다 · 自助餐 zìzhùcān 图 셀프서비스(self service)식의 식사, 뷔페(buffet) · 餐厅 cāntīng 图 식당 · 旅游团 lǚyóutuán 图 여행단 · 身边 shēnbiān 图 신변, 곁 · 便利店 biànlìdiàn 图 편의점 · 周 zhōu 图 주, 주일 · 天 tiān 图 하루, 일 · 带来 dàilái 图 가져오다 · 便利 biànlì 图 편리하다 · 送 sòng 图 보내다, 배달하다 · 方式 fāngshì 图 방식 · 咖啡厅 kāfēitīng 图 커피숍 · 笔记本电脑 bǐjìběn diànnǎo 图 노트북 컴퓨터

2.

(1) 조심해요. 여기는 길이 가기에 좋지 않으니 천천히 운전해요.

A 알겠어요. 겁내지 말아요.

(2) 내 모자, 봤어요?

D 저기요. 벽에 걸려 있잖아요.

(3) 얼른 이 폐지들을 쓰레기통에 버려요.

B 그러지 말아요. 이것들은 아직 다시 쓸 수 있잖아요. 그 빈 상자 같은 것들도 다 쓸모가 있어요.

(4) 이 꽃 예뻐요. 나는 여태껏 이렇게 예쁜 꽃은 본 적이 없어요. 게다가 무척 향기롭군요.

E 좋으면 가져 가세요. 드릴게요.

(5) 그가 무슨 이야기들을 했나요?

C 그가 많은 이야기를 했는데, 나는 한 마디도 기억하지 못해요.

害怕 hàipà 图 겁내다, 두려워하다 · 墙 qiáng 图 벽 · 挂 guà 图 (벽 등에) 걸다 · 赶紧 gǎnjǐn 图 얼른, 서둘러 · 废纸 fèizhǐ 图 폐지 · 扔 rēng 图 내버리다 · 垃圾箱 lājīxiāng 图 휴지통 · 空 kōng 图 (속이) 비다 · 盒子 hézi 图 상자 · 什么的 shénmede 图 (나열하는 말 마지막에 쓰여) ~등, ~같은 것 · 有用 yǒuyòng 图 쓸모가 있다, 유용하다 · 从来 cónglái 图 지금까지, 여태껏 · 挺 tǐng 图 매우, 대단히 · 香 xiāng 图 향기롭다

3.

(1) C, A, B。

C 为了保护环境，A 希望大家从我做起，B 每天少用一个塑料袋。

환경 보호를 위해 모두들 나부터 시작했으면 합니다. 매일 비닐봉지 하나 덜 쓰기를요.

(2) B，A，C。

B 我喜欢吃甜的，从来不吃辣的，A 辣椒一个都没吃过，C 不过今天我想尝一尝。

나는 단것을 먹기 좋아합니다. 여태껏 매운 건 안 먹어 봤어요. 고추 하나도 안 먹어 봤죠. 하지만 오늘은 좀 맛보고 싶네요.

(3) B，C，A。

B 这种食品既好吃又便宜，C 很多顾客都喜欢，A 我相信你也会喜欢。

이 식품은 맛도 좋고 값도 싸서 많은 손님들이 좋아하죠. 당신도 좋아할 거라 믿습니다.

(4) C，B，A。

C 这是他毕业以后的第一个工作，B 他很快就适应了这里的环境，A 我相信他还能做得更好。

여기는 그의 졸업 후 첫 직장입니다. 그는 빠르게 이곳 환경에 적응했어요. 나는 그가 더 잘할 수 있을 거라 믿습니다.

(5) C，A，B。

C 这家的水果新鲜，味道也好，A 虽然贵点儿，B 可是买的人还是很多。

이 집 과일은 신선하고 맛도 좋아요. 좀 비싸기는 하지만, 그래도 사는 사람이 아주 많죠.

保护 bǎohù 통 보호하다 · **塑料袋** sùliàodài 명 비닐봉지 · **甜** tián 형 달다 · **辣** là 형 맵다 · **辣椒** làjiāo 명 고추 · **不过** búguò 접 그러나, 하지만 · **尝** cháng 통 맛보다 · **食品** shípǐn 명 식품 · **既……又……** jì……yòu…… ~하기도 하고 ~하기도 하다, ~할 뿐만 아니라 ~하다 · **顾客** gùkè 명 고객, 손님 · **相信** xiāngxìn 통 믿다 · **毕业** bìyè 통 졸업하다 · **味道** wèidao 명 맛

4.

'有志者事竟成'은 중국인이 무척 좋아하는 성어입니다. 그 뜻은 '목표를 갖고, 다짐을 갖고, 꾸준히 지속해 나갈 수 있는 사람은 결국 분명 성공한다'입니다. 이러한 의미의 성어는 다른 언어에도 있죠. 예를 들면 영어의 'Where there is a will, there is a way'입니다. 이 성어들은 모두 자신의 이상과 목표를 가지라고, 또 자신의 이상과 목표를 위해 끊임없이 노력하라고, 끝까지 지속하면 성공할 수 있다고 사람들을 격려합니다.

喜爱 xǐ'ài 통 좋아하다 · **目标** mùbiāo 명 목표 · **决心** juéxīn 결심, 다짐 · **能够** nénggòu 조동 ~할 수 있다 · **例如** lìrú 예를 들다 · **理想** lǐxiǎng 명 이상 · **不断** búduàn 부 끊임없이 · **为** wèi 개 ~를 위하여 · **作出** zuòchū 통 (구체적으로 밖으로 나타나도록) 하다

有志者事竟成

大学毕业时，我很胖。肥胖不但影响我的形象，也影响了我的健康。肥胖让我没有自信，失去了年轻人的活力。所以我决心开始减肥。

我的目标是减到标准体重55公斤。我每天坚持运动，调整饮食习惯，合理安排作息时间。虽然减肥的过程中，我遇到了很多困难，但是我没有中途放弃，每天坚持，克服了那些困难。经过三个月的努力最后我终于完成了减肥计划。通过这次减肥经历，我体会到了"有志者事竟成"这个成语的含义。有目标、有决心、能够坚持的人，最后一定会成功。

有志者事竟成

　　대학을 졸업할 때, 나는 뚱뚱했습니다. 비만은 나의 외모에 영향을 줄 뿐 아니라 건강에도 영향을 주었습니다. 비만은 나로 하여금 자신감 없게 했고, 젊은이의 활력을 잃게 했습니다. 그래서 나는 다이어트를 시작하기로 결심했습니다.
　　나의 목표는 표준 체중인 55kg까지 감량하는 것이었습니다. 나는 매일 꾸준히 운동하고, 식습관을 조절하고, 일과와 휴식 시간을 합리적으로 분배했습니다. 비록 다이어트 과정 속에 많은 어려움을 만났지만, 나는 중도에 포기하지 않고 매일 꾸준히 지속하면서 그 어려움들을 극복했습니다. 3개월간의 노력을 거쳐 마침내 나는 다이어트 계획을 완수했습니다. 이 다이어트 경험을 통해 나는 성어 '有志者事竟成'에 담긴 뜻을 깨달았습니다. 목표와 다짐을 갖고 꾸준히 해 나갈 수 있는 사람이 결국에는 분명 성공한다는 것을요.

- **胖** pàng 형 뚱뚱하다 • **肥胖** féipàng 형 뚱뚱하다, 비만하다 • **不但** búdàn 접 ~뿐만 아니라 • **影响** yǐngxiǎng 동 영향을 주다 • **形象** xíngxiàng 명 (구체적인) 형상 • **自信** zìxìn 명 자신감 • **失去** shīqù 동 잃다 • **活力** huólì 명 활력 • **决心** juéxīn 동 결심하다, 다짐하다 • **减肥** jiǎnféi 동 다이어트하다 • **标准** biāozhǔn 형 표준적이다 • **体重** tǐzhòng 명 체중 • **公斤** gōngjīn 양 킬로그램(kg) • **调整** tiáozhěng 동 조절하다 • **饮食** yǐnshí 동 음식을 먹고 마시다 • **合理** hélǐ 형 합리적이다 • **安排** ānpái 동 안배하다 • **作息** zuòxī 동 일하고 휴식하다 • **过程** guòchéng 명 과정 • **中途** zhōngtú 명 중도, 도중 • **放弃** fàngqì 동 포기하다 • **经过** jīngguò 동 (장소, 시간, 동작 등을) 거치다, 지나다 • **终于** zhōngyú 부 마침내 • **完成** wánchéng 동 완성하다, 완수하다 • **计划** jìhuà 명 계획 • **经历** jīnglì 명 경험 • **体会** tǐhuì 동 체득하다, 경험하여 알다 • **含义** hányì 명 내포된 뜻

읽기 훈련

① 황허, 황산, 황색의 땅.
　　창쟝, 만리장성, 창쟝 삼각주.
　　중국 의학, 한약, 중국 매듭.
　　중국어, 한자, 중국 문화.

❷ 외국어를 배우고, 문화를 이해합니다.
창문을 열면 세상은 정말 넓지요.
하나의 외국어를 배우고, 하나의 문화를 이해해요.
창문을 열면 세상이 정말 넓다는 것을 압니다.

❸ 세상은 여러분의 것이기도 하고 우리들의 것이기도 하지만, 결국에는 여러분의 것입니다. 생기 넘치는 청년 여러분은 지금 한창 떠오르는 시기로, 마치 아침 여덟아홉 시의 태양과 같으니 희망은 여러분에게 달려 있습니다.

실전 읽기·쓰기 연습

1.

'中华老字号'란 좋은 상품과 서비스를 갖추었고, 긴 역사를 가진 오래된 상점을 가리킵니다. 그들은 모두 중국 전통의 문화적 특색을 지녔으며, 사회적으로 인기가 많습니다. 예를 들어 베이징 통런탕 약국은 1669년에 설립된 유명하고 전통 있는 가게입니다.

'平价'는 보통의 가격, 공정한 가격을 의미합니다. 적정 가격 약국(平价药店)도 인기가 많죠.

'名烟名酒'는 말 그대로 유명한 담배와 유명한 술입니다. '名烟名酒专营'은 바로 유명 담배와 술을 전문적으로 판매하는 상점이죠.

(1) 무엇이 '老字号'입니까?
  A 물건이 싼 상점
  B 한 상점의 이름
  C 역사와 전통이 있는 상점

(2) 적정 가격 약국(平价药店)은 왜 인기가 있습니까?
  A 상품이 좋아서
  B 전통이 있어서
  C 가격이 공정해서

(3) '名酒'란 무슨 뜻입니까?
  A 유명한 술
  B 맛 좋은 술
  C 모두가 좋아하는 술

- **指** zhǐ 동 가리키다 • **产品** chǎnpǐn 명 제품 • **历史** lìshǐ 명 역사 • **老店** lǎodiàn 명 대대로 내려오는 가게 • **具有** jùyǒu 동 가지다, 구비하다 • **传统** chuántǒng 명 전통 • **特色** tèsè 명 특색, 특징 • **社会** shèhuì 명 사회 • **受欢迎** shòu huānyíng 환영을 받다, 인기 있다 • **建立** jiànlì 동 세우다 • **价格** jiàgé 명 가격 • **公平** gōngpíng 형 공평하다 • **顾名思义** gù míng sī yì 성 글자 그대로 • **专门** zhuānmén 부 전문적으로 • **卖** mài 동 팔다 • **店** diàn 명 상점, 가게

2.

(1) 당신 차는 정말 맛이 좋네요. 어디서 샀어요?

　A 바로 입구의 그 오래된 상점이요. 그곳의 물건은 질도 좋고, 가격도 공정해요.

(2) 그 가게의 옷도 괜찮아요. 고를 게 더 많죠.

　E 그럼 우리 그 옷 가게로 갑시다.

(3) 이러면 안 되요. 이렇게 하면 당신은 후회할 거예요.

　C 나는 정말 후회 안 해요.

(4) 요 몇 년간 중국 전통 의상이 유행인데, 당신도 한 벌 사세요.

　D 저는 벌써 샀어요. 굉장히 중국적인 특색이 있다고 생각해요.

(5) 그 도시는 학교의 학비가 비쌀 뿐 아니라 생활비도 비싸요.

　B 그래서 제가 이 도시로 왔잖아요. 또 그래서 우리 둘이 알게 되었고요.

- **门口** ménkǒu 명 입구 • **质量** zhìliàng 명 (품)질 • **不错** búcuò 형 좋다, 괜찮다 • **选择** xuǎnzé 동 선택하다 • **服装** fúzhuāng 명 복장, 의류 • **后悔** hòuhuǐ 동 후회하다 • **才** cái 부 강조를 나타냄[문장 끝에 주로 '呢'가 쓰임] • **唐装** tángzhuāng 명 중국 전통 복장 • **流行** liúxíng 동 유행하다 • **城市** chéngshì 명 도시 • **因此** yīncǐ 접 그래서, 이 때문에 • **俩** liǎ 수량 두 사람

3.

(1) 都　A 오늘 저녁에 약속이 있죠? 가야 하는 거 아니에요?

　　　B 아, 진짜요. 저도 잊고 있었네요.

(2) 道理　A 아빠, 이러시는 건 이치에 맞지 않아요. 제가 어떻게 생각하는지도 들어 보셔야죠.

　　　　B 난 안 듣는다. 나는 네 아빠니까 네가 내 말을 들어야지.

(3) 特　A 이 오래된 상점은 역사가 얼마나 됩니까?

　　　B 1000여 년이요. 사실 이 상점은 역사가 가장 길지는 않은데, 가격이 공정하고 상품이 좋아서 특히 인기가 있습니다.

(4) 缘分　A 당신은 독일에서, 나는 한국에서 와 지금 우리가 중국에서 알게 된 거죠.

　　　　B 그래요. 이게 바로 중국인이 이야기하는 인연인가 봐요.

(5) **从来** A 이 만두, 내가 빚은 거예요. 맛 좀 보세요.
　　　　　B 정말 맛있어요. 나는 지금까지 이렇게 맛있는 만두는 먹어 보지 못했어요.

- 约会 yuēhuì 명 약속 · 该 gāi 조동 ~해야 한다 · 道理 dàolǐ 명 도리, 이치 · 其实 qíshí 부 사실은, 실제는 · 特 tè 부 특히, 아주 · 德国 Déguó 고유 독일 · 缘分 yuánfèn 명 인연

4.

중국인은 '百闻不如一见'이라는 성어를 무척 좋아합니다. 성어 속 '闻'은 '듣다'라는 뜻이죠. 말 그대로 '百闻不如一见'은 남이 말하는 것을 백 번 들어도 자신이 직접 보는 것만 못하다는 것입니다.

생활 속 경험들이 우리가 진실한 상황을 이해하려면 자신의 눈으로 보고, 자신의 머리로 생각해야 한다는 것을 알려 줍니다. 우리가 직접 본 것이야말로 가장 진실한 것이고, 우리가 직접 봐야 가장 진실한 느낌을 가질 수 있습니다.

- 不如 bùrú 동 ~만 못하다, ~하는 편이 낫다 · 亲眼 qīnyǎn 부 제 눈으로, 직접 · 经验 jīngyàn 명 경험 · 真实 zhēnshí 형 진실하다 · 脑子 nǎozi 명 머리 · 感受 gǎnshòu 명 느낌, 인상

百闻不如一见

　　俗话说："不到长城非好汉。"早就听说长城很壮观，虽然来北京半年了，但一直还没去过。上周末我终于有机会去游览长城了。长城不但很长，而且很漂亮。有的部分像马路一样平坦，有的部分却都是台阶。登长城的中外游客很多，他们在长城上有说有笑，还照了很多照片。

　　虽然爬长城的时候很辛苦，但是站在上面，环顾四周，真美啊！"百闻不如一见"，亲眼看了以后，我才明白"不到长城非好汉。"的含义，真正体会到了长城有多壮观，也感受到了古代中国人的勤劳和智慧。

百闻不如一见

　　'不到长城非好汉。(만리장성에 오르지 않으면 사내대장부가 아니다.)'이라는 속담이 있죠. 만리장성이 장관이라는 말은 진작 들었지만, 베이징에 온 지 반 년이 되도록 가 보지 못했습니다. 지난 주말, 마침내 만리장성을 구경할 기회가 생겨 가 봤습니다. 만리장성은 길이도 길 뿐 아니라 아름답기도 했어요. 어떤 곳은 대로처럼 평평하고, 어떤 곳은 온통 계단이었습니다. 만리장성을 오르는 중국인과 외국인 관광객들이 많았는데, 웃고 떠들면서 사진도 많이 찍더군요.

　　올라갈 때는 무척 고생스러웠지만, 위에 올라 사방을 둘러보니 정말로 아름다웠어요! '百闻不如一见'이라고, 직접 보고 나서야 '不到长城非好汉。'의 의미를 알게 되었고, 만리장성이 얼마나 장관인지 진정으로 체험했으며, 고대 중국인의 근면함과 지혜도 느낄 수 있었습니다.

- 俗话 súhuà 명 속담 · 非 fēi 동 ~가 아니다 · 好汉 hǎohàn 명 사내대장부 · 早就 zǎojiù 부 일찍이, 진작 · 壮观 zhuàngguān 형 장관이다 · 一直 yìzhí 부 줄곧, 내내 · 游览 yóulǎn 동 유람하다 · 部分 bùfen 명 부분 · 马路 mǎlù 명 큰길, 대로 · 平坦 píngtǎn 형 평탄하다 · 却 què 부 오히려, 그러나 · 台阶 táijiē 명 층계, 계단 · 登 dēng 동 (사람이) 오르다, 올라가다 · 中外 zhōngwài 명 중국과 외국 · 游客 yóukè 명 관광객 · 有……有…… yǒu……yǒu…… [뜻이 같거나 비슷한 두 단어 앞에 쓰여 강조의 의미를 나타냄] · 笑 xiào 동 웃다 · 照 zhào 동 (사진 등을) 찍다 · 照片 zhàopiàn 명 사진 · 爬 pá 동 (기어)오르다 · 辛苦 xīnkǔ 형 고생스럽다 · 站 zhàn 동 서다 · 环顾 huángù 동 (사방을) 둘러보다 · 四周 sìzhōu 명 사방, 주위 · 真正 zhēnzhèng 부 진

실로, 참으로 ▪ **感受** gǎnshòu 동 느끼다, (영향을) 받다 ▪ **古代** gǔdài 명 고대 ▪ **勤劳** qínláo 형 부지런히 일하다, 근면하다 ▪ **智慧** zhìhuì 명 지혜

09

읽기 훈련

① 흥미가 있어요. 흥미가 없어요. 흥미가 있나요 없나요?
흥미를 느껴요. 흥미를 못 느껴요. 흥미를 느끼나요 못 느끼나요?
마작에 매우 흥미가 있어요. 서예에 매우 흥미를 느껴요.

② 당신은 무엇에 흥미가 있나요? 저는 축구에 흥미가 있어요.
그는 무엇에 흥미를 느끼나요? 그는 테니스에 흥미를 느껴요.
모든 것에 흥미를 느껴요. 무엇에도 흥미를 못 느껴요.
모든 것에 흥미가 있어요. 무엇에도 흥미가 없어요.

③ 수업을 시작하면 잠을 자고, 잠이 들면 잠꼬대를 합니다.
만나면 다투고, 다투기 시작하면 허튼소리를 합니다.
인터넷에 접속하면 채팅을 하고, 채팅을 시작하면 끝이 없습니다.
시합을 하면 지고, 지면 핑계를 찾습니다.

실전 읽기·쓰기 연습

1.

'减速慢行，出入平安'이라는 말을 본 적 있나요? 어디에서 봤나요? 맞습니다. 분명 차량이 드나드는 곳에서였을 것입니다. 운전자에게 차를 빠르게 몰지 말라고 말하는 거죠. 어디서건 평안[안전]이 가장 중요합니다.

생명은 귀중합니다. 누구나 하나만 가지고 있죠. 그래서 우리는 생명을 아끼고 사랑해야 합니다. 운전을 하든 길을 걷든 교통 규칙을 준수해야 해요. 하지만 우리 주위에서는 교통 규칙을 위반하는 일이 매일같이 일어납니다. 예를 들면, 일부 운전자들은 차를 너무 빨리 몰고, 일부 행인들은 교통 규칙을 준수하지 않습니다. 운전자가 음주 후에 운전하는 것은 더욱 위험합니다. 그것은 곧 생명을 존중하지 않는 것이고, 생명을 갖고 장난치는 것입니다.

(1) '减速慢行，出入平安'의 의미는 무엇입니까?

　A 차를 빨리 몰지 마세요

　B 당신의 평안을 바랍니다

　C 차가 너무 느립니다

(2) 다음 중 교통 규칙을 준수하지 않는 것은 무엇입니까?

　A 감속 운전

　B 음주 운전

　C 저녁 운전

• 对 duì 옳다, 맞다 • 车辆 chēliàng 차량 • 司机 sījī 운전사 • 宝贵 bǎoguì 귀중하다 • 只 zhǐ 단지, 오직 • 珍爱 zhēn'ài 아끼고 사랑하다, 귀중하게 여기다 • 发生 fāshēng 발생하다, 일어나다 • 危险 wēixiǎn 위험하다 • 尊重 zūnzhòng 존중하다 • 开玩笑 kāi wánxiào 농담하다, 놀리다 • 祝 zhù 기원하다, 축복하다

2.

(1) 최근 중국에 와서 발전한 회사가 적잖이 늘었습니다.

　A 맞아요. 그들은 중국이라는 이 큰 시장이 마음에 든 겁니다.

(2) 당신은 그가 중국어를 못한다고 말했었는데, 분명하고 유창하게 중국어를 하네요.

　D 그의 중국어 실력이 이렇게 빨리 늘지 저도 생각 못했어요. 정말 놀랍네요.

(3) 이 옷장은 굉장히 무거우니 옮길 때 반드시 조심하세요.

　B 네, 알겠습니다. 안심하세요.

(4) 저는 그곳의 어떤 것도 알지 못하는데 어쩌죠?

　E 아무것도 두려워할 필요 없어요. 당신을 도와줄 사람이 있을 거예요.

(5) 이 몇 가지 음식들은 보기도 좋고 맛도 좋네요.

　C 정말 아쉽네요. 저는 매운 것을 못 먹으니 여러분이 드시는 걸 볼 수밖에요.

- **看中** kànzhòng 동 (보고) 마음에 들다 ・ **市场** shìchǎng 명 시장 ・ **流利** liúlì 형 (말, 문장 등이) 유창하다 ・ **吃惊** chījīng 동 놀라다 ・ **衣柜** yīguì 명 옷장 ・ **重** zhòng 형 무겁다 ・ **不得了** bùdéliǎo 형 (정도가) 심하다 ・ **搬** bān 동 옮기다 ・ **一切** yíqiè 대 일체, 모든 것 ・ **怕** pà 동 두려워하다 ・ **可惜** kěxī 형 아쉽다, 애석하다

3.

(1) **不懂** A 당신이 쓴 게 뭔지 나는 보면 볼수록 <u>모르겠어요</u>.
　　　　　 B 다시 한 번 진지하게 봐요. 그렇게 어렵지 않아요.

(2) **越, 越** A 나는 라오왕과 이야기 나누는 걸 무척 좋아해요.
　　　　　　B 맞아요. 그의 말은 재미있어요. 어떤 말들은 또 생각할<u>수록</u> 일리가 있죠.

(3) **改** A 이 글자 틀린 것 같죠?
　　　　 B 정말 틀렸네요. 당신이 <u>고쳐</u> 주세요.

(4) **打不开** A 그의 컴퓨터가 <u>켜지지 않</u>아 그가 엄청 조급해해요.
　　　　　　B 그럼 얼른 사람을 불러 고칩시다.

(5) **健康** A 매일 서서 밥을 먹는다니, 농담하는 것 아니죠?
　　　　　 B 제가 어떤 어르신의 말씀을 들었는데, 이러면 몸이 훨씬 <u>건강해</u>진대요.

- **越……越……** yuè……yuè…… ~할수록 ~하다 ・ **错** cuò 형 틀리다 ・ **改** gǎi 동 (틀린 것을) 바로잡다, 고치다 ・ **打不开** dǎ bu kāi (스위치 등을) 켤 수 없다, 켜지지 않다 ・ **急** jí 동 초조해하다, 조급해하다 ・ **赶快** gǎnkuài 부 빨리, 얼른 ・ **修** xiū 동 수리하다 ・ **老人** lǎorén 명 노인

4.

따저우에게

　너희 부모님께서 너랑 연락이 안 되니 전해 달라고 하셨어. 비가 많이 내리는 바람에 비행기가 제시간에 이륙하지 못해 지금 아직 공항에서 기다리고 계신대. 언제 이륙할지 아직 모르신다고 하고. 소식이 있으면 다시 너에게 연락하시겠대. 그러니 내일 아침 여덟 시에 너는 일단 공항에 마중 나가지 마. 언제 마중하러 갈지는 부모님 전화를 기다리고.
　나는 친구네 집에 가서 오늘 저녁에 돌아오지 않을 거야.
　내일 만나!

너의 룸메이트 린하이가
10월 10일

- **联系** liánxì 동 연락하다 ・ **转告** zhuǎngào 동 (말을) 전달하다 ・ **准时** zhǔnshí 부 정시에, 제때에 ・ **起飞** qǐfēi 동 이륙하다 ・ **机场** jīchǎng 명 공항 ・ **等候** děnghòu 동 기다리다 ・ **消息** xiāoxi 명 소식 ・ **明早** míngzǎo 명 내일 아침 ・ **接** jiē 동 마중하다, 맞이하다 ・ **接机** jiējī 동 공항에 가서 마중하다 ・ **同屋** tóngwū 명 룸메이트

5.

장샤오: 안녕하세요.
따 중: 안녕하세요. 누구십니까?
장샤오: 저는 한터의 친구 장샤오라고 합니다. 한터 있나요?
따 중: 친구랑 같이 나갔는데요. 아마 좀 늦게 돌아올 거예요. 무슨 일이시죠? 전해 드릴게요.
장샤오: 아. 제가 원래 그와 내일 우리 고향 집에 놀러 가기로 약속했거든요. 그런데 방금 어머니한테 전화가 왔어요. 아버지가 갑자기 아프셔서 지금도 병원에 계신다고요. 저도 얼른 가 봐야 해서요. 정말 미안하지만 우리 집에 초대해 놀기로 한 일은 할 수 없이 나중에 다시 이야기해야겠어요.
따 중: 안심하세요. 제가 꼭 그에게 전할게요.
장샤오: 우리 아버지가 나으시면 제가 다시 시간 약속을 하겠다고 전해 주세요.

噢 ō 감 아! 오![이해하거나 납득하게 되었음을 나타냄] · 约 yuē 동 약속하다 · 老家 lǎojiā 명 고향 집 · 突然 tūrán 부 갑자기 · 只好 zhǐhǎo 부 어쩔 수 없이

汉特:
　　刚才你出去的时候，你的朋友张晓给你打来了电话。他说他妈妈刚刚来电话告诉他：他爸突然病了，现在还在医院。所以他得赶快回去。
　　他让我转告你：他约好请你明天去他家玩儿的事儿只好以后再说了。他感到非常抱歉。他爸爸正在住院治疗，还不知道什么时候能出院。他说等他爸病好了以后，再和你联系，那时再约时间去他家玩儿。

你的同屋　大中
10月10日

　　한터에게
　　방금 네가 외출했을 때, 네 친구 장샤오한테 전화가 왔었어. 그의 어머니께서 방금 그에게 전화하셨는데, 아버지가 갑자기 아프셔서 지금도 병원에 계시대. 그래서 그가 얼른 가 봐야 한다네.
　　그가 내일 너와 그의 집에 놀러 가기로 약속한 일은 할 수 없이 다음에 다시 얘기하자고 전해 달라고 했어. 정말 미안하다고. 그의 아버지께서 지금 입원 치료 중이시고, 언제 퇴원하실 수 있을지 모른대. 아버지의 병이 나으시면 다시 연락할 테니 그때 다시 시간을 약속해 그의 집에 놀러 가재.

너의 룸메이트 따중이
10월 10일

住院 zhùyuàn 동 입원하다 · 治疗 zhìliáo 동 치료하다 · 出院 chūyuàn 동 퇴원하다

10

읽기 훈련

1 창장은 길고, 황허는 누렇습니다.

황허는 창장만큼 길지 않고, 창장은 황허만큼 누렇지 않습니다.

황허는 누렇고, 황허는 넓습니다. 황허에는 모두 아흔아홉 물굽이가 있습니다.

창장은 길고, 창장은 넓습니다. 창장에는 그렇게 많은 물굽이가 없습니다.

2 샤오왕은 창장이 시작되는 곳에 살고, 샤오리는 창장이 끝나는 곳에 삽니다. 지금까지 만난 적은 없지만, 하나의 강물을 함께 마십니다.

산이 있고, 물이 있고, 경치가 좋아 그들의 고향은 참으로 아름답습니다.

라오리우는 황허의 남쪽에 살고, 라오장은 황허의 북쪽에 삽니다. 자주 만날 수 있지만, 황허의 물은 마시지 않습니다.

그들의 고향은 아름다운 편은 아닙니다. 건물은 낮고, 우물물은 마시기 힘들죠.

3 어머니 강을 보호합시다. 창장의 물을 보호합시다.

대자연을 보호하고, 지구촌을 보호합시다.

하늘은 더 푸르게, 강물은 더 맑게 합시다.

환경이 더 아름답게, 생활이 더 낫게 합시다.

실전 읽기 · 쓰기 연습

1.

표어는 중국의 특색입니다. 도시나 농촌 어디를 가든 표어를 볼 수 있습니다. 과거에도 그랬고, 오늘날에도 여전히 그렇죠. 그러나 중국이 변하듯 표어도 당연히 변하고 있습니다.

30여 년 전에는 중국 도처가 자전거였고, 자동차는 적었습니다. 차를 너무 빨리 몰아서 자전거를 타는 사람과 행인 모두가 위험했죠. '一慢二看三通过(하나, 천천히. 둘, 살피기. 셋, 통과하기)'는 당시에 가장 유행했던 표어입니다. 운전자더러 차를 좀 천천히 몰고, 길을 잘 살펴보고, 정말 자전거와 행인이 없으면 (그때) 가라는 말입니다. '高高兴兴上班来，平平安安回家去(즐겁게 출근하고, 평안히 귀가해요)'는 지난 몇 년간 가장 인기 있던, 한번 보면 잊혀지지 않는 표어입니다.

중국의 개혁 개방 이후로 서양의 사상은 중국에 끊임없이 영향을 끼쳤습니다. 광둥에서 가장 먼저 '时间就是金钱，效率就是生命(시간은 돈이고, 효율은 생명이다)'이라는 표어가 등장했고, 당시 아주 큰 영향을 미쳤습니다. 혹자는 이것이 중국 개혁 개방 30년 이래 가장 유명하고 중국인에게 가장 큰 영향을 준 표어라고 말합니다.

(1) 물을 절약하는 것은 생명을 아끼는 것입니다
    B 수자원을 아끼고 물 환경을 보호합시다

(2) 마음을 모으고 힘을 합쳐 다 함께 화목한 사회를 만들어요
    E 평안한 가정을 창건하고 화목한 사회를 건설합시다

(3) 음주 운전을 거절합시다
    A 나부터 시작해요, 음주 운전 거절

(4) 생명을 사랑하고, 평안하게 (외출해) 다닙시다
    C 교통 안전 속에 우리 모두 평안히 통행합시다

(5) 지구는 나의 집, 환경 보호는 모두에게 달렸습니다
    D 우리의 지구를 사랑하고 아끼는 것은 아주 작은 일에서 시작됩니다

标语 biāoyǔ 명 표어 · 农村 nóngcūn 명 농촌 · 过去 guòqù 명 과거 · 到处 dàochù 명 도처, 곳곳 · 行人 xíngrén 명 행인 · 通过 tōngguò 동 지나가다, 통과하다 · 当时 dāngshí 명 당시, 그 때 · 条 tiáo 양 조, 항, 가지[항목으로 나뉜 것을 셀 때 쓰임] · 过目难忘 guòmù nán wàng 한번 보면 잊기 어렵다 · 改革 gǎigé 명/동 개혁(하다) · 开放 kāifàng 명/동 개방(하다) · 西方 xīfāng 명 서양 · 思想 sīxiǎng 명 사상 · 金钱 jīnqián 명 금전, 돈 · 效率 xiàolǜ 명 효율 · 产生 chǎnshēng 동 생기다, 출현하다 · 极 jí 부 아주, 극히 · 水资源 shuǐzīyuán 명 수자원 · 齐心 qíxīn 동 뜻을 모으다, 합심하다 · 合力 hélì 동 힘을 합치다 · 创建 chuàngjiàn 동 창건하다 · 构建 gòujiàn 동 세우다 · 拒绝 jùjué 동 거절하다 · 关爱 guān'ài 동 관심을 갖고 돌보다 · 出行 chūxíng 동 외출하다, 외지로 가다 · 环保 huánbǎo 동 환경 보호['环境保护'의 준말] · 靠 kào 동 ~에 달려 있다, 의지하다 · 爱护 àihù 동 사랑하고 보호하다 · 点滴 diǎndī 형 아주 작다, 소소하다

2.

(1) 그 영화가 훌륭하다던데, 우리 내일 영화관에 보러 가요.
    E 뭐 하러 영화관에 가요. 인터넷에서 볼 수 있는데요.

(2) 이 계절만 되면 공원에 꽃들이 피죠.
　　D 맞아요. 날씨도 점점 더워지기 시작하고요.

(3) 이 문장 몇 개를 좀 번역해 주실 수 있나요?
　　A 농담하시는 거죠? 이렇게 어려운 문장은 제가 번역할 수 없어요.

(4) 내가 지도를 어디에 두었는지 생각나지 않아요. 당신은 기억해요?
　　B 잘 찾아 봐요. 분명 잃어버릴 리 없어요.

(5) 이 책을 다 배우고 나서도 계속 공부할 건가요?
　　C 당연하죠. 아주 재미있어요. 계속 공부해 나갈 거예요.

季节 jìjié 몡 계절 ▪ 开花(儿) kāihuā(r) 동 꽃이 피다 ▪ 句子 jùzi 몡 문장 ▪ 翻译 fānyì 동 번역하다, 통역하다 ▪ 地图 dìtú 몡 지도 ▪ 记得 jìde 동 기억하고 있다 ▪ 肯定 kěndìng 부 확실히, 틀림없이 ▪ 继续 jìxù 몡동 계속(하다)

3.

(1) 좀 전까지는 저의 공연이었고, 이제 당신 차례예요.
　　★ 이 말에서 '이제는 당신이 공연해야 한다'라는 것을 알 수 있다. (✓)

(2) 이곳은 정말 아름답군요. 평생 어디로도 가지 않고, 여기에 살고 싶어요.
　　★ 이 말에서 '이곳은 아름답기 그지없다'라는 것을 알 수 있다. (✓)

(3) 우리 둘이서 이렇게 많이 못 먹어요. 좀 덜 사는 게 좋겠어요.
　　★ 이 말에서 '너무 조금 사면 안 된다'라는 것을 알 수 있다. (✗)

(4) 그는 여행할 때, 한 지역에 도착할 때마다 부모님께 엽서 한 장을 부칩니다.
　　★ 이 말에서 '그의 부모님은 모두 엽서를 좋아하신다'라는 것을 알 수 있다. (✗)

(5) 외국어를 배우고 외국의 문화를 이해하는 것은 우리가 세계를 더 잘 알 수 있게 합니다.
　　★ 이 말에서 '우리는 모두 외국어 하나를 할 수 있다'라는 것을 알 수 있다. (✗)

轮 lún 동 차례가 되다 ▪ 一辈子 yíbèizi 몡 한평생 ▪ 不得了 bùdéliǎo 형 (정도가) 심하다 ▪ 明信片 míngxìnpiàn 몡 (우편) 엽서

4.

원화에게
안녕!
　오늘 저녁에 우리 반 파티가 있는데 내가 과일 사는 일을 맡았어. 그런데 내가 오후에 좀 급한 일이 있어서 상점에 갈 시간이 없네. 미안하지만 내 대신 좀 사다 주면 고맙겠어.
　파티에 참가하는 사람은 열 다섯 명 정도이고, 어떤 과일을 살지 는 네가 정해. 그런데 포도는 꼭 넉넉히 사야 해. 왜

냐하면 포도 좋아하는 사람이 많거든. 돈은 우선 네 것을 써. 저녁에 돌아와서 갚을게.
    도와준 것에 대한 감사의 의미로 이번 주말에는 내가 청소를 맡을게. 또 일본 요리도 한 끼 만들어 줄게. 어때? ☺
    도와줘서 고마워.

쩐여우즈가
10월 30일

- 负责 fùzé 통 책임지다 ▪ 急事 jíshì 급한 일 ▪ 决定 juédìng 통 결정하다 ▪ 葡萄 pútáo 명 포도 ▪ 还 huán 통 돌려주다, 갚다 ▪ 打扫卫生 dǎsǎo wèishēng 청소하다 ▪ 顿 dùn 양 끼니[식사를 셀 때 쓰임]

小雷：
    你好！
    我想拜托你一件事儿。我们班今天下午3:00在学校运动场有足球比赛，我负责给运动员买饮料。可是我突然有急事儿，没时间去商店，也来不及去足球场。所以麻烦你去帮我买饮料，然后送到运动场。
    大概有16个运动员。买什么饮料你决定。不过一定要多买矿泉水，至少每人两瓶。因为运动员得喝很多水。先用你的钱吧，以后我还给你。
    为表示对你的感谢，周末我请你吃饭、看电影，怎么样？吃什么菜，看什么电影，你先想好。
    非常感谢。

小颖
12月26日

샤오레이에게
안녕!
    네게 부탁할 일이 하나 있어. 우리 반이 오늘 오후 세 시에 학교 운동장에서 축구 시합을 하는데, 내가 선수들에게 음료를 사다 주는 일을 맡았어. 그런데 갑자기 급한 일이 생겨서 상점에 갈 시간이 없고, 축구장에도 갈 겨를이 없네. 그래서 미안하지만 네가 나 대신 음료를 사서 운동장에 갖다 줬으면 해.
    선수는 아마 열 여섯 명일 거야. 어떤 음료를 살지는 네가 정해. 하지만 물은 꼭 넉넉히 사야 해. 적어도 한 사람당 두 병씩. 왜냐하면 선수들은 물을 많이 마셔야 하거든. 돈은 우선 네 것을 써. 나중에 갚을게.
    너에게 감사를 표하기 위해 주말에 내가 밥 한 끼 사고, 영화 보여 줄게. 어때? 어떤 음식을 먹고, 어떤 영화를 볼지 잘 생각해 둬.
    정말 고마워.

샤오잉이
12월 26일

- 拜托 bàituō 통 부탁하다 ▪ 运动员 yùndòngyuán 명 운동 선수, 경기 참가자 ▪ 来不及 láibují (시간이 부족해) 제시간에 댈 수 없다, 미처 ~하지 못하다 ▪ 大概 dàgài 부 아마도 ▪ 矿泉水 kuàngquánshuǐ 명 생수 ▪ 至少 zhìshǎo 부 최소한 ▪ 表示 biǎoshì 통 표시하다, 나타내다